ÉTUDE THÉORIQUE & PRATIQUE

SUR LE

DÉLIT D'ESCROQUERIE

PAR

Louis DAVID

DOCTEUR EN DROIT

AVOCAT À LA COUR D'APPEL DE CAEN

> « S'il importe de ne pas innocenter des coupables, il importe aussi à la dignité de la justice, à l'intérêt social et à la protection due aux individus, de ne les punir que conformément à la loi. »
>
> M. Dupin. Réq. à la C. de Cassat. 1846. Dall. 46, 1, 71.

> « L'Escroquerie!... c'est une sorte de Protée, qui se transforme en mille manières. Quand vous croyez le tenir, il vous échappe, vous étendez la main pour saisir un filou ; vous avez un escroc. Vous croyez saisir un escroc ; vous avez un filou dans la main. »
>
> Même réquisitoire.

PARIS

LIBRAIRIE NOUVELLE DE DROIT ET DE JURISPRUDENCE

ARTHUR ROUSSEAU, ÉDITEUR

14, RUE SOUFFLOT ET RUE TOULLIER, 13

—

1883

ETUDE THÉORIQUE ET PRATIQUE

SUR

LE DÉLIT D'ESCROQUERIE

LONS-LE-SAUNIER. — IMP. J. MAYET ET Cie

DÉLIT D'ESCROQUERIE

PAR

Louis DAVID

DOCTEUR EN DROIT

AVOCAT A LA COUR D'APPEL DE CAEN

« S'il importe de ne pas innocenter des coupables, il importe aussi à la dignité de la justice, à l'intérêt social et à la protection due aux individus, de ne les punir que conformément à la loi. »

M. Dupin. Réq. à la C. de Cassat.
1846. Dall. 46, 1, 71.

« L'Escroquerie!... c'est une sorte de Protée, qui se transforme en mille manières. Quand vous croyez le tenir, il vous échappe, vous étendez la main pour saisir un filou ; vous avez un escroc. Vous croyez saisir un escroc ; vous avez un filou dans la main. »

Même réquisitoire.

PARIS

LIBRAIRIE NOUVELLE DE DROIT ET DE JURISPRUDENCE

ARTHUR ROUSSEAU, ÉDITEUR

14, RUE SOUFFLOT ET RUE TOULLIER, 13

1883

AVANT-PROPOS

—

Parmi les délits qui se présentent le plus fréquemment devant les tribunaux, se trouve le délit d'escroquerie. Nous nous proposons d'étudier dans ce travail, les principes fondamentaux qui régissent expressément l'article 405 du Code pénal.

Dans une première partie nous examinerons les règles formulées par les auteurs et consacrées par les Cours d'appel et la Cour de Cassation, en ce qui concerne les éléments caractéristiques de l'escroquerie, en exposant les espèces les plus remarquables sur lesquelles la jurisprudence ait eu à se prononcer.

Dans la 2e partie, nous étudierons la compétence et la procédure en cette matière, ainsi que certaines règles qui ressortent, à cet égard, des données de la doctrine et de la jurisprudence.

Ce sujet est vaste, et renferme, entre autres, des questions, qui ont, à une certaine époque, vivement préoccupé les esprits. Nous les avons rappelées, en parcourant les phases diverses qu'elles ont subies. C'est ainsi que nous sommes entrés dans de certains développements, à propos de la tentative d'escroquerie, qui ne laisse plus aujourd'hui, il est vrai, aucun doute, mais dont on suit néanmoins avec intérêt, les péripéties diverses ; de même pour la tricherie au jeu, sur laquelle il existe plusieurs systèmes, etc., etc.

Du reste. en ce qui concerne la nomenclature de
toutes les questions traitées dans ce travail, le lecteur devra se reporter aux deux tables qui terminent
l'ouvrage. L'une, méthodique, ou par ordre de
matières, renvoyant à chaque numéro des sommaires, l'autre, par ordre alphabétique, renvoyant
à chacune des pages du volume lui faciliteront les
recherches, et le conduiront sans perte de temps, à
chaque question, où il trouvera, à sa suite, la solution qu'elle a reçue.

HISTORIQUE

SOMMAIRE

1. L'Escroquerie, soit qu'on la fasse dériver de (αισχροπεδης.) mot qui signifie gain sordide, soit qu'on la fasse dériver de l'Italien « Scroccare » qui signifie tirer avec un croc — est le fait d'un individu qui emploie des manœuvres frauduleuses pour se faire remettre le bien d'autrui. C'est une variété du vol, dont elle diffère en ce que l'escroc ne soustrait pas la chose malgré la volonté du propriétaire, mais qu'il arrive, au contraire, par sa ruse, à se la faire remettre volontairement.

2. La société romaine souffrait déjà de la présence de ces chevaliers d'industrie, qui font de la ruse un

métier, et qui réussissent ainsi à s'approprier la fortune d'autrui. On ne trouve pas, il est vrai, chez les jurisconsultes romains la définition exacte de ce que nous appelons l'escroquerie, mais les dispositions de la loi frappaient toute sorte d'appropriation frauduleuse de la chose d'autrui.

3. En ne précisant pas, cette législation punissait, tout ce qui constituait la « contrectatio fraudulosa rei alienæ lucri faciendi causa. » Et le préteur, (e mendandi vel corrigendi juris civilis gratiâ,) décidait dans son édit, que les citoyens seraient protégés contre toutes fraudes criminelles de nature à être pour leurs auteurs un moyen d'enrichissement, et pour leurs victimes, une cause de ruine [1].

4. Les Romains avaient voulu imprimer une sanction aux actions deshonnêtes, aussi les voyons-nous punir ceux qui s'introduisaient dans des lieux publics, et qui prenaient *par ruse* ou *autrement*, ce qui ne leur appartenait pas « Saccularii, qui vetitàs in sacculo artes excellentes subducunt, partem subtrahunt, item qui directarii appellantur, hoc est hi qui in alienâ cænaculâ, se dirigunt furandi animo. [2] »

5. Notre ancien Droit français appelait cela l'Escroquerie. Si nous consultons les auteurs, nous voyons Merlin définir l'Escroc, « le fripon qui est dans l'habitude d'attraper quelque chose par ruse, par fourberie, et l'Escroquerie, l'action que commet l'escroc en friponnant » [3].

---

1. (Loi 151 Dig. — De Dolo malo.)
2. Loi 7. Dig. de Extraord. crim.
3. Merlin Rep. Vᵒ Escroquerie. — Sic Muyart de Vouglans. Lois crim. p. 92.

6. Le législateur de 1791 voulut réglementer la matière de l'Escroquerie. C'est ainsi qu'il décida que ceux qui, par dol ou à l'aide de faux noms ou de fausses entreprises, ou d'un crédit imaginaire, ou d'espérances ou de craintes chimériques, auraient abusé de la crédulité de quelques personnes, et escroqué la totalité ou partie de la fortune d'autrui, seront poursuivis devant les tribunaux de district.....

7. Il est juste de dire que cette loi, protectrice au premier chef des intérêts sociaux, ouvrait la porte à toute sorte de plaintes, de sorte que, voulant sauvegarder les intérêts des citoyens, elle en arrivait sous la raison juridique de « Dol » à punir des fraudes qui, sans être jamais légitimes, sont trop légères ou trop insaisissables pour que la loi pénale doive chercher à les punir, ou qui ne peuvent être poursuivies sans attaquer la foi due aux conventions. De plus, dit M. Faustin Hélie, « cette confusion s'aug-
« mentait à raison de l'attribution donnée aux tribu-
« naux civils de statuer sur ces fraudes, et de la dis-
« position qui rendait l'action répressive secondaire et
« accessoire à l'action civile; de sorte qu'il semblait
« qu'il s'agissait moins de punir un délit caractérisé,
« que de réprimer les manœuvres et les ruses qui
« sont trop souvent employées dans les transactions
« civiles, mais qu'il est si difficile de constater[1]. »

8. Gardienne vigilante des prescriptions de la loi, la Cour de Cassation établit une limite qui devait exister entre le dol civil et le dol criminel, et décida

---

1. (Chauveau Adolphe et Faustin Hélie Tome V. n° 2190. Théorie du Code Pénal).

que le dol criminel seul devait tomber sous l'application de la loi de 1791, et la loi du 7 frimaire an II, en attribuant la connaissance de l'escroquerie aux tribunaux correctionnels, contribua à fortifier cette distinction.

9. Mais il restait encore un progrès à réaliser. Il fallait supprimer le mot « Dol ». On avait souvenir des nombreuses erreurs auxquelles cette expression avait donné lieu, des contestations sans nombre qu'elle avait occasionnées. Le législateur de 1810 voulut y remédier. « Il faut, disait-on dans l'exposé des motifs, que les manœuvres employées excluent toute idée d'une affaire purement civile. » Dès lors, le « dol » fut retranché, et l'article 405 fut ainsi conçu :

« Quiconque, soit en faisant usage de faux noms, ou de fausses qualités, soit en employant des manœuvres frauduleuses pour persuader l'existence de fausses entreprises, d'un pouvoir ou d'un crédit imaginaire, ou pour faire naître l'espérance ou la crainte d'un succès, d'un accident ou de tout autre événement chimérique, se sera fait remettre ou délivrer des fonds, des meubles ou des obligations, billets, promesses, quittances ou décharges, et aura, par un de ces moyens, escroqué ou tenté d'escroquer la totalité ou partie de la fortune d'autrui, sera puni d'un emprisonnement d'un an au moins et de cinq ans au plus, et d'une amende de 50 fr. au moins et de 3000 fr. au plus. »

L'escroquerie était donc limitée, par cette législation, aux faits indiqués par cet article.

10. Une difficulté se présentait encore à l'esprit. La tentative d'escroquerie était-elle punissable ?

Jusqu'en 1863, cette question était très controversée (voir infrà n° 73).

La loi de 1863 a mis fin à cette controverse, en ajoutant à l'art. 405, une disposition qui ne laisse plus aucun doute à cet égard.

L'escroquerie est donc aujourd'hui régie par les dispositions de l'article 405 ainsi conçues :

« Art. 405. » Quiconque, soit en faisant usage de faux noms ou de fausses qualités, soit en employant des manœuvres frauduleuses pour persuader l'existence de fausses entreprises, d'un pouvoir ou d'un crédit imaginaire, ou pour faire naître l'espérance ou la crainte d'un succès, d'un accident ou de tout autre évènement chimérique, se sera fait remettre ou délivrer ou aura tenté de se faire remettre ou délivrer des fonds, des meubles ou des obligations, dispositions, billets, promesses, quittances ou décharges, et aura, par un de ces moyens, escroqué ou tenté d'escroquer la totalité ou partie de la fortune d'autrui, sera puni d'un emprisonnement d'un an au moins, et de cinq ans au plus, et d'une amende de 50 fr. au moins et de 3.000 fr. au plus. Le coupable pourra être, en outre, à compter du jour où il aura subi sa peine, interdit, pendant cinq ans au moins et dix ans au plus, des droits mentionnés en l'article 42 du présent code ; le tout, sauf les peines plus graves, s'il y a un crime de faux. »

PREMIÈRE PARTIE

—

SECTION I

DU FAUX NOM

SOMMAIRE

11. Quels sont les éléments qui composent le délit d'escroquerie.
12. Principes fondamentaux.
13. Premier Élément du délit. — Emploi d'un faux-nom.
14. L'emploi d'un prénom tombe-t-il sous l'application de l'art. 405.
15. Quid de l'usage d'un surnom. — Opinion de M. Dalloz.
16. Quid, si un individu prétend que le nom qu'il a porté lui appartient. Y a-t-il une question préjudicielle ?
17. Dès que le faux nom a été la cause déterminante de la remise des valeurs, il suffit à lui seul pour constituer le délit.
18. L'Intention frauduleuse doit nécessairement exister.
19. L'emploi d'un faux nom ne constitue pas le délit, s'il n'a pas été la cause déterminante de la remise d'argent.
19 *bis*. Mais, quid, s'il se combine avec d'autres faits extérieurs.
20. L'emploi d'un faux nom peut-il constituer un faux.

11. Pour que le délit prévu par l'article 405 existe, il faut :

A. Emploi de moyens frauduleux consistant soit dans l'usage de faux noms ou de fausses qualités, soit dans l'usage de manœuvres frauduleuses spécifiées par la loi.

B. Le fait de se faire remettre ou de tenter de se faire remettre des valeurs obtenues à l'aide de ces moyens.

C. Le détournement de ces valeurs, qui consomme l'escroquerie, ou la tentative de détournement.

On est forcé de reconnaître que, conçu tel qu'il l'est, l'article 405 ne satisfait pas aux exigences sociales, et qu'il met souvent les tribunaux dans l'impossibilité de punir certains faits, qui, étant au fond, une véritable escroquerie, ne peuvent pas néanmoins être réprimés par cet article, par ce motif qu'il n'y a pas eu la manœuvre frauduleuse voulue par la loi ou bien que, s'il y a eu manœuvres frauduleuses dans le sens exact du mot, elles n'ont pas eu pour but de persuader l'existence d'une fausse entreprise, d'un pouvoir ou d'un crédit imaginaire, ou de faire naître l'espérance ou la crainte d'un succès, d'un accident ou de tout autre évènement chimérique. Nous pourrons, en effet, constater au cours de ce travail, que c'est là une règle fondamentale, dont l'oubli entraînerait la réformation du jugement de condamnation. Car, s'il est vrai de dire qu'il est regrettable de ne pouvoir punir certains individus, qui, par leurs agissements malhonnêtes, ne sont au fond, que de véritables escrocs, il n'appartient pas aux Tribunaux de juger « more prætorio » et, si comme l'a fort justement déclaré la cour de Caen dans un arrêt récent (du 13 mars 1883). « Tels faits sont assurément fort malhonnêtes, et très regrettables, » il est du devoir des magistrats de constater, comme l'a fait la même Cour, « que quelque regrettables et quelque malhonnêtes que soient ces agissements » il n'appartient pas au juge de les punir, lorsqu'ils ne rentrent pas dans les termes rigoureux de la loi. C'est qu'en effet, comme le disait M. Dupin dans un de ses admirables réquisitoires. « S'il « importe de ne pas innocenter des coupables, il « importe aussi à la dignité de la justice, à l'intérêt « social, et à la protection due aux individus, de ne « les punir que conformément à la loi. »

12. L'emploi d'un faux nom suffit pour constituer l'escroquerie, lorsqu'il a eu pour résultat d'escroquer ou de tenter d'escroquer la fortune d'autrui. Il suffit qu'un individu, abstraction faite de toute autre manœuvre frauduleuse, ait pris un faux nom, et à l'aide de ce faux nom, se soit fait remettre ou délivrer, ou ait tenté de se faire remettre ou délivrer des fonds etc. pour qu'il lui soit fait application de l'art. 405.

De même pour la fausse qualité. Il suffit qu'un individu, abstraction faite de toute autre manœuvre frauduleuse, ait pris une fausse qualité, et à l'aide de cette fausse qualité, se soit fait remettre ou délivrer, ou ait tenté de se faire remettre ou délivrer des fonds etc. pour qu'il lui soit fait application de l'art. 405.

Il n'est pas nécessaire, pour que l'usage du faux nom ou de la fausse qualité devienne l'élément du délit d'escroquerie, que cet usage ait eu pour but de persuader l'existence de fausses entreprises, etc. C'est en effet ce qu'a décidé la Cour de cassation,

en disant « que le membre de phrase de l'article
405, dont les termes sont « pour persuader l'existence de fausses entreprises, d'un pouvoir ou d'un
crédit imaginaire, ou pour faire naître l'espérance
ou la crainte d'un succès, d'un accident ou de tout
autre événement chimérique, » ne se rapporte qu'à
l'emploi de manœuvres frauduleuses, et non à l'usage
d'un faux nom ou d'une fausse qualité[1].

Il en est tout autrement — et nous développerons
plus loin ce point en ce qui concerne les manœuvres
frauduleuses. La loi ne punit en effet que celles
qui ont eu pour but de persuader l'existence de
fausses entreprises, d'un pouvoir ou d'un crédit imaginaire, ou de faire naître l'espérance ou la crainte
d'un succès, d'un accident ou de tout autre événement chimérique. Distinction capitale, et dont l'oubli
conduirait à des erreurs de droit[2].

13. User d'un faux nom, c'est employer un nom
que l'on ne possède pas en réalité. Ainsi, un individu
prendra le nom de son voisin ou un nom imaginaire.

14. L'emploi d'un prénom est-il assimilé à l'usage
d'un faux nom ?

On pourrait peut-être dire, pour échapper à la
loi, que le prénom qu'un individu emploie, quand
c'est bien en réalité son prénom, n'est pas un nom
faux. Qu'est-ce en effet que le prénom ? C'est le nom

---

1. Cass. 5 mai 1820. Dall. Rep. V° Escroq. n° 729. — Cass. 28 mars
1839. — Cass. 22 août 1854. — Chauveau et Hélie, tome V, p. 354. —
Blanche. Sixième étude. n° 161.
2. Voir infrà, n° 35.

que l'on met ordinairement avant le nom de famille, afin de distinguer celui qui le porte[1].

Si donc, le prénom est en réalité un nom, un petit nom, l'on ne peut pas dire que celui qui l'a employé ait pris un faux nom, puisque ce prénom lui appartient en réalité. Ce raisonnement n'aurait pas, à notre avis, de chance d'être admis par la jurisprudence, et on pourrait lui adresser le reproche de n'être qu'une pure subtilité. C'est qu'en effet il ne faut pas perdre de vue l'idée dominante dans toutes ces questions. Celle de rechercher quelle a été l'intention du prévenu en employant son prénom. Si elle a été celle de dissimuler son vrai nom afin de faire une dupe, nul doute que l'art. 405 reçoive son application.

15. La question de savoir si l'usage d'un surnom peut-être assimilé à l'usage d'un faux nom, semble plus délicate. Le surnom ou sobriquet dit Bouillet, rapportant la définition de Court de Gebelin, du roman (sopra, par dessus et quest; acquis) est un nom acquis en sus de celui que l'on portait. Si l'agent, enseigne M. Dalloz. Rep. v Escroq. n° 726, a fait usage d'un nom sous lequel il est habituellement désigné bien que ce nom ne soit pas le sien, ou si, habituellement désigné, sous un nom qui ne lui appartient pas, il a fait usage de son véritable nom, il ne peut être condamné comme coupable d'escroquerie, alors même que dans l'un ou l'autre cas, il aurait agi avec une pensée de fraude. En effet, l'intention frauduleuse ne

---

1. Bouillet. Dict. des Sciences, des lettres et des arts. — V° Prénom-Landais. Dict. V° Prénom.

suffit pas, il faut qu'elle soit accompagnée du fait. Or, on ne peut pas considérer comme ayant pris un faux nom, celui qui s'est présenté sous le nom qui lui appartient, légitimement, ou sous celui par lequel on le désigne habituellement.

16. L'action publique serait-elle suspendue pour le cas où un individu prétendrait que le nom qu'il a employé est le sien, et que, comme tel; il avait le droit de le porter ? La Cour de Cassation, dit M. Blanche n'a pas pensé qu'il pût y avoir là une question préjudicielle, réservée à la connaissance des tribunaux civils, et elle a eu raison de ne pas le croire, car l'emploi d'un faux nom est l'un des éléments du délit que les tribunaux correctionnels sont appelés à réprimer.

« Attendu que les articles 326 et 327 du C. N. ne s'appliquent qu'à la filiation des enfants légitimes, à leur possession d'état, et à toutes les réclamations que peut faire naître leur suppression d'état ; que ces questions sont sans rapport avec la question d'identité, dont la Cour était juge ; que les faux titres et les faux noms, usurpés par le demandeur, étaient autant d'éléments de délits que la Cour était appelée à constater, et qu'elle avait le droit d'apprécier [1].

17. Lorsqu'il est établi qu'un individu a surpris la la bonne foi d'un tiers à l'aide, d'un faux nom, il importe peu que les autres manœuvres qui lui sont reprochées, ne présentent pas suffisamment les carac-

1. Cass. 14 octobre 1853, Dall· 1853, I, 45. — Sic: Chauveau et Hélie. T V n° 2198 — Blanche VI° étude n° 162, — Dall-Rep. V° Escroq. n° 735.

tères spécifiés en l'art 405, du Code pénal, leur concours n'étant pas nécessaire pour faire de la tromperie un délit.

Ainsi, il a été jugé que le fait, par un ouvrier travaillant dans une usine, de s'être présenté chez un logeur de la localité sous un faux nom, et de s'être fait nourrir par lui, constitue l'escroquerie, alors même que le faux nom, n'aurait pas été le motif déterminant de la remise de la nourriture; il suffit que l'usage de ce faux nom ait eu lieu avec une intention frauduleuse, qu'il ait servi et assuré la fraude, et que les aliments n'eussent pas été remis, si la personne trompée n'avait pas cru connaître le nom véritable de celui à qui elle les remettait [1].

18. Mais, l'emploi d'un faux nom pour se faire délivrer des fonds, meubles ou marchandises, ne constitue le délit d'escroquerie, que lorsqu'il s'y joint l'intention frauduleuse d'escroquer par ce moyen tout ou partie de la fortune d'autrui, intention de laquelle le juge du fait est appréciateur souverain [2].

19. Si l'emploi du faux nom n'a pas été la cause déterminante de la remise il ne constitue pas le délit d'escroquerie, il faut, en effet, que les tiers aient été amenés à donner par la croyance que celui qui a changé son nom, portait véritablement le nom qu'il a usurpé, mais il peut, dans ce cas même, s'il se combine avec d'autres faits extérieurs, être considéré

---

1. Dijon 5 août 1868, Sirey 68, 2, 277, Cass. 4 février 1858, Dall. 58, V, 164.

2. Cass. 20 janvier 1855, Dall. 55, I, 87, (Sic) Morin Rep. V° Escroq. n° 13 § 2.

comme une manœuvre, par le moyen d'impunité qu'il crée pour l'agent, et l'erreur forcée où il tient la victime [1].

20. L'emploi d'un faux nom par écrit constitue le simple délit d'escroquerie, si l'acte ne renferme ni obligation, ni décharge, ni convention, ni disposition qui soit de nature à léser des tiers. Il constituera, au contraire, le crime de faux, si l'acte dans lequel il est pris, peut produire une obligation quelconque, et cause préjudice à autrui, ou lorsque cet acte est destiné à constater les faits qui s'y trouvent consignés.

Ainsi, celui qui pour tromper une personne sur sa fortune, et usurper un crédit mensonger, produirait des actes simulés, des actes de prêts par lui consentis ne pourrait être poursuivi que pour escroquerie, car ces actes ne produisent par eux-mêmes aucune obligation, mais s'il produit, même dans le seul dessein de consommer l'escroquerie, des actes qu'il suppose émanés d'un tiers, et qui obligent ce tiers, la fraude puise dans cette circonstance un caractère plus grave, celui du crime de faux [2].

---

1. Cass. 5 mai 1820. Cass. 13 juin 1857. — Sic Chauveau et Hélie T. V. nᵒ 2198. — Blanche VIᵉ Etude nᵒ 162.

2. S. Chauveau et Hélie. Tome II nᵒ 648. Du Faux.

SECTION II

DE LA FAUSSE QUALITÉ

SOMMAIRE

33. Espèce.
34. La fausse qualité peut exister en même temps que l'emploi de manœuvres frauduleuses destinées à persuader l'existence d'un succès d'un accident ou de tout autre événement chimérique.

21. L'emploi d'une fausse qualité consiste dans le fait de celui qui se présente aux yeux d'une personne, comme revêtue d'un titre, d'un emploi, d'une fonction qu'il ne possède pas en réalité.

Ainsi un individu se dira comte, baron, marquis, général (etc) ou bien il se fera passer pour savant, ingénieur, industriel, ou bien encore il se dira parent d'un personnage connu, alors qu'au demeurant, il ne possède aucun de ces titres.

22. L'emploi d'une fausse qualité est constitutif du délit lorsque, par ce moyen, on a frauduleusement obtenu d'un tiers des sommes ou valeurs, ou qu'on est arrivé à lui faire souscrire des promesses ou obligations.

23. De ce que nous avons exposé au § 21, il suit que l'usage d'un faux titre est assimilé à la fausse qualité. Ainsi par exemple, l'individu, qui, porteur d'une décoration qui ne lui appartient pas, réussit à l'aide de ce prestige, à obtenir la remise de valeurs, tombe sous le coup de l'art. 405 indépendamment de la prévention de port illégal de décoration, si la remise a été la cause efficiente du faux titre.

24. Mais l'emploi d'une fausse qualité, pour se faire délivrer des fonds, meubles ou marchandises, ne constitue le délit d'escroquerie que lorsqu'il s'y joint l'intention frauduleuse d'escroquer par ce moyen tout ou partie de la fortune d'autrui ; intention de l'existence de laquelle le juge du fait est appréciateur souverain.

— Ainsi, la Cour de Cassation a jugé que le correspondant d'une maison de commerce, qui, pour éluder la prohibition à lui faite de donner des commandes dans son intérêt, a demandé des envois, au nom de maisons de commerce imaginaires, ou même existantes, n'est pas passible de l'article 405, si son intention était simplement de faire lui-même et à son bénéfice le placement des marchandises envoyées, sans faire éprouver de préjudice à l'expéditeur [1].

25. La fausse qualité suffit à elle seule, indépendamment de toute autre manœuvre frauduleuse, pour constituer le délit, dès qu'elle a été la cause déterminante de la remise.

Attendu qu'il n'est pas nécessaire qu'à l'emploi d'une fausse qualité se joignent des manœuvres frauduleuses, si la remise des valeurs escroquées a été le résultat de ce premier moyen de fraude ; que le fait de cette remise a été suffisamment constaté dans l'espèce, par les termes, qui en se rattachant à l'emploi de la fausse qualité, expriment, par une évaluation en argent, le préjudice qui en est résulté [2].

— Attendu que l'arrêt attaqué, en admettant même que les manœuvres frauduleuses n'eussent pas été suffisamment expliquées, a pris soin de constater qu'il était démontré par tous les éléments de la cause, que le demandeur avait usurpé les noms et qualités de prince de Gonzague, de Mantoue et de Castiglione, de duc souverain de Mantoue, de Grand

1. Cass., 20 janvier 1855, Dall. 55, 1, 87.
2. Cass., 19 septembre 1844, Dall. 45, 5, 248. — Cass., 25 août 1854, Dall. 71, 5, 165.

Maître de plusieurs ordres, sans existence légale, et qu'à l'aide de ces faux noms, titres et qualités, il s'est fait remettre de l'argent [1].

26. L'emploi d'une fausse qualité ne constitue pas le délit, s'il n'a pas été la cause déterminante de la remise de fonds. Mais il peut, alors même, s'il se combine avec d'autres faits extérieurs, être considéré comme une manœuvre, par le moyen d'impunité qu'il crée pour l'agent, et l'erreur forcée où il tient la victime [2].

27. La cour de cassation a été appelée à se prononcer sur le point de savoir si le fait d'un individu qui s'attribuerait une qualité civile qu'il n'a pas, tombe sous le coup de l'article 405, et la Cour a décidé que lorsque la qualification employée pouvait être vérifiée par ceux qui se prétendent victimes, l'article 405 ne reçoit pas son application.

Cette doctrine a été admise dans deux espèces ou un mineur s'était fait passer pour majeur, une femme mariée pour fille majeure jouissant de ses droits [3].

M. Blanche admet cette théorie, en s'appuyant toutefois, non pas sur ce fait que la personne escroquée pouvait vérifier la qualité prise par l'inculpé, car, dit-il, la loi ne distingue pas à cet égard, mais par ce motif que, si l'usage de la qualité de majeure ou de femme libre de ses droits pouvait devenir un élément d'escroquerie, l'effet des lois ci-

1. Cass., 14 octobre 1853.
2 Cass. 13 juin 1857.
3. Cass. 27 mars 1807. — Cass. 15 juillet 1859.

viles, relatives à la capacité des personnes, serait singulièrement compromis[1].

Ne serait-il pas préférable, enseignent d'un autre côté, MM. Chauveau et Hélie, d'établir une distintion sur le point de savoir s'il pouvait être facile de se renseigner sur cette prétendue qualité. C'est qu'en effet, ce n'est pas toujours chose facile de vérifier la qualité de femme mariée, de mineur et de majeur, et puis d'un autre côté, celui qui a contracté, n'a agi que sous l'influence de la qualité fausse frauduleusement usurpée. Le mieux est donc de laisser ce fait à l'appréciation des magistrats. Du reste, la Cour de Cassation l'a elle-même déclaré, en décidant « qu'il y avait escroquerie dans une espèce, où, de concert avec le prévenu Fourmet, la fille Bellier s'est attribuée, pour obtenir la remise d'un acte, la fausse qualité de femme légitime du dit Fourmet, en se présentant, à l'étude du notaire, et en contractant personnellement sous les faux noms de femme Fourmet[2].

28. On décide généralement, en doctrine et en jurisprudence que le fait, de la part d'un individu, abstraction faite de toute manœuvre, de se faire passer auprès de quelqu'un pour son créancier, ne tombe pas sous le coup de l'article 405, par ce motif que, chacun étant à même de vérifier ses dettes, il ne peut s'en prendre qu'à lui, s'il se laisse induire en erreur[3].

---

1. Blanche VI, n° 161. — Bourguignon, comment. sur l'art. 405 n° 1.
2. Cass. 8 août 1867. Dall. 68, 1, 41.
3. Cass. 15 juillet 1869.

29. Nous avons vu plus haut (n° 20) que l'emploi d'un faux nom pouvait, le cas échéant, constituer un faux. Il en est de même de la fausse qualité. Si cette fausse qualité donne ouverture à un droit, si l'acte où elle est prise est destinée à le constater, s'il est fait usage de cet acte pour l'exercice même du droit, cette altération de la vérité devient un faux. Mais, si cette fausse qualité usurpée dans un acte quelconque, n'est destinée qu'à tromper un tiers sur la véritable position de l'agent, elle ne constitue qu'une manœuvre frauduleuse constitutive de l'escroquerie. Ainsi : l'individu qui prend, par écrit, la fausse qualité de fonctionnaire, d'avocat, de médecin, pour jouir d'un crédit usurpé, n'est coupable que d'une manœuvre frauduleuse, mais, s'il prend par exemple, sur une feuille de route et devant les intendants militaires, la fausse qualité d'officier, afin de toucher les émoluments et les frais de route attachés à ce grade, cette usurpation doit être considérée comme un faux criminel[1].

30. L'individu qui, affirmant faussement être le propriétaire d'un objet perdu, se le fait remettre par un tiers, est-il passible de l'art. 405?

Cette question a été à différentes reprises soumise à l'examen de la jurisprudence, et elle a donné naissance à deux systèmes :

Premier système. L'art. 405 n'est pas applicable.

En effet, disent les partisans de cette doctrine, pour que l'article 405 reçoive son application, il ne suffit pas, (étant donnée une espèce de ce genre) que

---

1. Chauveau et Hélie. T. II. n° 649. Du faux.

l'on se soit ainsi approprié de mauvaise foi une somme d'argent appartenant à autrui, il faut, de plus, qu'on y soit parvenu à l'aide de l'un des divers moyens énoncés dans l'article, c'est-à-dire, soit à l'aide des manœuvres frauduleuses qu'il caractérise, soit à l'aide d'une fausse qualité. Or, lorsqu'un individu, a seulement déclaré à un autre qu'il était propriétaire d'un objet perdu, il n'y a là qu'un simple mensonge, et, si ce mensonge n'a été appuyé auprès de la personne trompée, ni par un moyen extérieur, ni par l'intervention d'un tiers, ni par une mise en scène quelconque, de nature à capter sa confiance, il n'y a plus lieu d'appliquer l'article relatif à l'escroquerie, puisque le prévenu n'a fait qu'en imposer sur son droit, et n'a pas employé une fausse qualité [1] ?

Deuxième système. L'article 405 doit recevoir son application. En effet, disent les partisans de ce système. Il y a là l'emploi d'une fausse qualité, la qualité de propriétaire de l'objet ; et il n'est pas besoin d'autres manœuvres frauduleuses pour constituer le délit d'escroquerie, lorsque la remise des objets a été la cause efficiente de la fausse qualité [2].

Telle était du reste l'opinion du magistrat faisant fonction de conseiller rapporteur devant la Cour de Cassation. M. le Conseiller Hibon a en effet écrit

---

1. Cass., 11 juillet 1861, Dall 61, 1, 454. — Cass., 5 décembre 1862, Dall 63. 1, 140. — Cass., 12 février 1863, Dall 63, 1, 109. — Cass., 11 décembre 1879.

2. Cour de Douai, 3 décembre 1862, Dall , 1863, 1, 268. — Cour de Douai, 12 février 1863, Dall (cod. loco). — Cour de Besançon, 3 avril 1879, Sirey 1879, 2, 295. — Cour de Douai, 15 novembre 1870, Dall 1872, 2, 105.

dans le journal du Ministère public, le passage suivant, qui n'est que la reproduction d'une partie de son rapport à la Cour suprême. « Il n'est pas d'au« dience, disait ce magistrat, où les tribunaux « correctionnels ne condamnent comme escroc « celui qui s'est fait remettre un objet en se disant « faussement mandataire d'autrui. Il y a parité « de raisons pour décider de même dans l'espèce « présente, l'opinion contraire conduit même à un « résultat bizarre, et par cela même inadmissible. Le prévenu qui viendrait réclamer l'objet trouvé, au « nom d'un propriétaire vrai ou imaginaire, tombe« rait sous le coup de la loi ! Celui qui le revendi« querait en son propre nom, serait à l'abri de toute « peine¹ !!!

31. En ce qui concerne la fausse qualité, il a été jugé qu'un individu, qui ayant fait le commerce de grains comme membre d'une société de commerce mise en liquidation, a faussement annoncé qu'il reprenait ce commerce, et s'est fait remettre de l'argent pour cette entreprise imaginaire, est coupable d'escroquerie, à l'aide de la fausse qualité de commerçant en grains, alors qu'il a persisté, à chaque versement, à donner à son bailleur de fonds, sur l'existence de son prétendu commerce, des assurances propres à égarer sa confiance.²

— Sic, le commerçant, qui, pour arriver à faire escompter des lettres de change tirées sur lui par

---

1. (Journal du Ministère public. — Année 1872, page 12. Dissertation de M. Hibon). Quoiqu'il en soit, la doctrine de la Cour de Cassation est fixée dans le sens que nous avons indiqué.

2. Cass. 15 avril 1868, Dall, 68, 1, 461.

un associé résidant dans une autre place, s'est fait passer pour un commissionnaire chargé de la vente des marchandises de celui-ci ; de manière à faire croire aux banquiers que, par son acceptation, il ajoutait la garantie de la signature d'une seconde maison de commerce, lorsque, par ce moyen, il a réussi à procurer à son associé des fonds qui ont été détournés [1].

— Le fait d'avoir établi frauduleusement un simulacre de maison de commerce sous une fausse raison sociale, constitue, quant à cette raison sociale, l'attribution d'une fausse qualité [2].

— Le domestique, qui, après avoir demandé à des tiers divers objets de la part de son maitre sans en avoir mandat, les a détournés à son profit, est coupable d'escroquerie, par l'emploi de la fausse qualité de mandataire [3].

— L'Individu qui, n'ayant que le mandat de liquider une succession, s'est faussement présenté comme ayant le mandat de toucher, et a, par ce moyen, réussi à se faire remettre le montant d'une créance de son mandant, est coupable d'escroquerie, par l'emploi d'une fausse qualité. Il en est ainsi, surtout, lorsque, par ses propos et par ses actes, le prévenu a donné lieu de croire que son mandat avait effectivement l'étendue qu'il lui attribuait frauduleusement [4].

— Le Cuisinier, qui, chargé de faire les fournitures de son maître moyennant paiement qui lui en

---

1. Cass. 29 juillet 1866. Dall, 66, 5, 183.
2. Cass. 23 mars 1839.
3. Bruxelles, 13 décembre 1850, Dall, 65. 5, 157.
4. Cass. 12 juillet 1866, Dall, 67, 1, 44.

est fait directement par celui-ci, s'est qualifié, auprès des fournisseurs de son choix personnel, de mandataire de son maître, et a dissipé les sommes qu'il en recevait, au lieu de payer les fournisseurs, est coupable d'escroquerie [1].

— Celui qui, en se présentant faussement auprès du caissier chargé de payer un bon, comme mandataire du titulaire, est arrivé au moyen de cette fraude, à toucher indûment le montant du bon au préjudice du débiteur, non libéré par ce paiement, est coupable d'escroquerie commise à l'aide de l'emploi d'une fausse qualité [2].

— Sic, l'individu qui s'est attribué la fausse qualité de mandataire, d'agent ou reprêsentant d'une société commerciale, pour se faire remettre des valeurs [3].

— Jugé que le fait d'avoir donné des certificats de visite, en prenant des honoraires et en usurpant la fausse qualité de chirurgien, constitue le délit d'escroquerie, puisque cette fausse qualité a été la cause déterminante de la perception de l'argent [4].

— Sont passibles de l'art. 405, des individus qui, par l'emploi de la fausse qualité d'agents de police, jointe à d'autres manœuvres frauduleuses, ont réussi à se faire remettre des valeurs [5].

32. L'individu qui, après sa révocation de commis à la recette des contributions directes, se fait re-

1. Cour d'appel de Paris, 18 septembre 1835
2. Cass. 5 mars 1868, Dall, 69, 1, 71.
3. Cass. 18 mars 1818. — Cour de Bordeaux, 2 février 1831.
4. Cass. 6 août 1807.
5. Cass. 10 juillet 1862. Dall. Rep. v° vol. p. 1257.

mettre des sommes d'argent pour les contributions, « attendu qu'il a été déclaré par l'arrêt que Camet avait pris la qualité de préposé à la perception des contributions directes de la commune de St-Savin, dans les quittances par lui délivrées aux plaignants, qu'à la date de ces quittances, il n'avait plus la qualité de préposé, que sa révocation était certaine, puisque les rôles lui avaient été retirés, et qu'il ne pouvait plus y porter les émargements des sommes reçues [1]. »

— De même celui qui, après sa révocation, continue de recevoir en sa qualité d'inspecteur receveur de l'assurance mutuelle contre l'incendie, des rétributions des personnes assurées [2].

— Sic celui qui se fait remettre par un libraire des volumes d'un recueil en prenant la qualité qu'il a cessé d'avoir, d'agent de l'administration de ce recueil [3].

— Jugé toutefois qu'un commerçant qui se fait remettre des marchandises à crédit, après la cessation de son commerce, qu'il a laissé ignorer à ses créanciers, et après le refus par d'autres négociants de lui vendre à crédit, ne se rend pas coupable d'escroquerie. On ne trouve ici, ni l'emploi d'un faux nom, ni l'emploi d'une fausse qualité [4].

33. Il convient d'examiner ici, une question qui s'est présentée en pratique.

---

1. Cass. 1er mai 1818.
2. Cass. 26 mai 1827. — Cass. 26 décembre 1863. — Cass. 9 septembre 1869
3. Cass. 9 septembre 1869. Sirey 70, I, 181.
4. Cass. 20 avril 1837. Dall Rep. V° Escroq. page 1259.

Un cultivateur de la Seine-Inférieure faisait vendre par le ministère d'un huissier les meubles garnissant sa ferme. Parmi les personnes présentes et semblant venues pour acheter, se trouvaient un homme et une femme, qui passaient pour être les époux Prévost. La femme acheta une vache. L'homme acheta un essieu et des roues. L'huissier inscrivit sur son procès-verbal : Vendu au sʳ et dame Prévost. Lorsque fut arrivé le moment de réclamer le prix de l'adjudication, on se trouva en présence de la situation suivante : Le sʳ Prévost, était un pauvre journalier, complètement insolvable, qui avait immédiatement revendu à vil prix ce qu'il avait acheté. Quant à la femme, elle s'appelait Veuve Lavenu, et elle répondit qu'elle ne devait rien. Sur la plainte de l'huissier, ces individus furent traduits devant le tribunal correctionnel de Dieppe, sous la prévention d'escroquerie.

Le tribunal les condamna aux peines de l'article 405, et la Cour de Rouen, confirma cette décision. Voici sur quels arguments s'appuie la doctrine de cet arrêt.

Lorsque deux individus, de sexe différent, se présentent à une vente publique avec les apparences du mari et de la femme, et qu'ils ne réunissent pas la qualité d'époux, qu'on leur attribue, lorsqu'à la faveur de la confiance qu'ils ont ainsi inspirée, à l'officier public chargé de la vente, ils se font livrer des objets qu'on ne leur eût pas livré, si on eût été éclairé sur leur véritable situation, il est évident qu'il y a là escroquerie à l'aide d'une fausse qualité.

Quand, en effet, on interpelle des gens sous la

qualité d'époux, qu'ils ont répondu à cet appel, qu'ils n'y ont pas contredit, il résulte de là qu'ils l'ont acceptée; c'est l'application de l'adage « qui tacet, consentire videtur . » Et puis, leur union donne une certaine confiance, on se dit : Ce sont des cultivateurs établis qui ont l'air d'offrir une certaine garantie, il y a tout lieu de croire que cette prétendue union n'était qu'une manœuvre préparée et combinée à dessein [1].

Toutefois, cette doctrine n'est pas admise complètement par M. Dalloz, qui enseigne, que, si souvent cette décision peut-être juste, il est des cas aussi où elle pourrait être dangereuse. Laissons donc l'appréciation de faits de cette nature aux magistrats, et disons qu'il y a là une question d'appréciation. De deux choses l'une; en effet, ou bien les prévenus ont eu l'intention de se faire passer pour mari et femme, afin d'obtenir, au moyen de la confiance que devait inspirer ce titre, la remise d'objets qu'on ne leur eût pas accordés sans cela, et alors, ils pourront être soumis aux peines de l'art. 405. Ou bien, il ne ressortira pas des circonstances qu'ils ont préparé ce subterfuge pour arriver à obtenir la remise d'objet et alors, l'article 405 ne s'appliquera pas. Supposons en effet, qu'un homme et une femme vivant maritalement, n'osent pas répondre à l'officier public, en présence de tout le monde, qu'ils ne sont pas mariés, pourrait-on leur en faire un grand crime [2].

34. Il peut y avoir, tout à la fois, existence d'une

---

1. Cour de Rouen 8 septembre 1827.
2. Dalloz. Rep. p. 1275.

fausse qualité, et emploi de manœuvres frauduleuses, comme la jurisprudence l'a décidé dans les espèces suivantes.

— Est coupable d'escroquerie celui qui, soit en usurpant la fausse qualité de commis de maisons de commerce qui ne lui avaient donné aucun mandat, soit en employant des manœuvres frauduleuses, amène les personnes avec lesquelles il traite, à lui consentir des obligations contenant des choses autres que celles par lesquelles ces personnes croyaient s'engager [1].

Décidé de même à l'égard d'individus, qui, ayant usurpé la fausse qualité de commissionnaires de marchandises et simulé une société commerciale, ainsi que des rapports sociaux purement imaginaires, ont à l'aide de ces moyens, obtenu de nombreuses livraisons de marchandises, qu'ils déclaraient devoir être expédiées en pays étranger, et qu'ils ont immédiatement revendues à vil prix [2].

— Sic, le fait de la part de deux femmes, en affectant de vifs sentiments de piété, et transformant en chapelle une des chambres de leur habitation, de prendre le costume religieux, de se faire adresser des lettres sous cette rubrique à M⁰ la supérieure des Oblates de St-Benoit » et d'avoir, par ce moyen, obtenu la remise de somme d'argent [3].

— Sic, l'individu qui s'attribue la qualité d'agent du gouvernement, et qui, à l'aide de cette qualité qui

1. Cass. 27 mars 1854, Dall. Rep. V. Escroq. page 1314.
2. Cass. 23 avril 1857, Dall, 57, I, 269.
3. Cour d'Assises de la Loire Inf. 1883. Affaire d'escroquerie compliquée de faux

l'environne d'un pouvoir qu'il n'a pas, obtient des souscriptions à une entreprise particulière d'assurance [1].

— Sic : Le commerçant qui fait apposer sur un billet une acceptation qu'il fait signer par sa femme, laquelle portait le même nom que le tiré, pour faire croire à l'acceptation de celui-ci, et qui, à l'aide du crédit que cette signature lui assure, négocie son billet [2].

1. Cass. 9 avril 1857.
2. Cass. 9 mars 1861.

SECTION III

DES MANŒUVRES FRAUDULEUSES

SOMMAIRE

35. Observations préliminaires.
36. Ce que la loi entend par manœuvres frauduleuses.
37. Il ne suffit pas qu'il y ait mensonge, il faut qu'il y ait des actes destinés à tromper les tiers. — Jurisprudence.
38. Il en est de même de la simple réticence.
39. Mais les allégations mensongères constituent des manœuvres frauduleuses, lorsque leur nature dolosive ressort d'actes extérieurs pratiqués dans le but d'arriver à s'emparer de tout ou partie de la fortune d'autrui. — Jurisprudence.
40. Les allégations mensongères constituent encore des manœuvres frauduleuses, lorsqu'elles émanent d'une personne dont les paroles, à raison de sa qualité, inspirent confiance.
41. Il faut que les manœuvres frauduleuses aient eu pour objet de faire croire à la victime à un état de choses qui l'a déterminée à faire ce qu'elle n'aurait pas fait, si elle n'avait pas été induite en erreur.
42. Il ne suffit pas que les actes soient frauduleux, il faut qu'ils soient le résultat d'une combinaison préparée à l'avance pour surprendre la confiance.
43. Si la victime pouvait facilement contrôler les assertions du prévenu, les manœuvres frauduleuses cessent d'être punissables.
44. Il ne suffit pas que les faits dénoncés comme constitutifs de l'escroquerie, aient eu pour but et pour effet, soit de persuader l'existence de fausses entreprises, d'un pouvoir ou d'un crédit imaginaire, soit de faire naître l'espérance ou la crainte d'un succès, d'un accident ou de tout autre événement chimérique, il faut que ces faits en eux-mêmes constituent des manœuvres frauduleuses.
45. Il n'est pas nécessaire que les manœuvres frauduleuses qui la cons-

tituent, aient été toutes pratiquées le même jour, ni au même lieu, il suffit qu'il y ait connexité entre les unes et les autres.

46. Il faut l'intention frauduleuse.

47. Faut-il que les manœuvres frauduleuses aient été de nature à impressionner de bons esprits.

Doctrines diverses de la Cour de cassation. — Opinion de MM. Chauveau et Hélie.

35. Le point le plus délicat de toute cette matière, est celui de savoir en quoi consistent les manœuvres frauduleuses. La doctrine et la jurisprudence sont arrivées à formuler une série de règles que nous allons examiner.

Il peut se faire qu'un individu, pour arriver à escroquer tout ou partie de la fortune d'autrui, n'ait pas eu recours à un faux nom, ni à une fausse qualité, mais qu'il ait employé certains agissements de nature à surprendre la confiance ou la crédulité d'un tiers. Ce sont ces agissements que la loi a voulu désigner sous la dénomination vague de manœuvres frauduleuses.

Il faut donc des manœuvres frauduleuses, mais cela ne suffit pas.

Il faut que ces mêmes manœuvres aient eu pour objet, soit de persuader l'existence de fausses entreprises, d'un pouvoir ou d'un crédit imaginaire, soit de faire naître l'espérance ou la crainte d'un succès, d'un accident ou de tout autre évènement chimérique. (Voir Infrà n°ˢ 48 et suivants.

Et qu'à l'aide de ces manœuvres frauduleuses, le prévenu se soit fait remettre ou ait tenté de se faire remettre ou délivrer des fonds, des meubles ou des obligations, dispositions, billets, promesses, quittances ou décharges.

Ajoutons enfin qu'il est nécessaire, qu'il ait par un de ces moyens, escroqué ou tenté d'escroquer la totalité ou une partie de la fortune d'autrui.

Ces règles ont une importance capitale, et l'on pourrait dire qu'elles sont comme « le fil d'Ariane, » qui doit guider les magistrats dans l'appréciation des nombreuses espèces qui peuvent se rencontrer. Que de jugements de 1ʳᵉ instance réformés en appel pour avoir oublié cette règle fondamentale à savoir « que les manœuvres frauduleuses se lient nécessairement aux membres de phrases qui les suivent, et ne peuvent en être séparées. »

36. Les manœuvres frauduleuses consistent donc, dans le fait, de la part d'un individu, d'employer une combinaison de faits, une machination préparée avec plus ou moins d'adresse, une ruse ourdie avec plus ou moins d'art, dans le but de tromper un tiers, mais la loi veut que, pour être punissables, elles prennent un corps, revètent une forme, et deviennent, pour ainsi dire, visibles et tangibles [1].

37. La loi ne punit pas le simple mensonge. Elle ne punit pas non plus les paroles trompeuses, artificieuses, les espérances, isolées de tout fait extérieur.

Ainsi la jurisprudence a décidé qu'il n'y avait pas manœuvres frauduleuses dans les hypothèses suivantes :

Jugó qu'un individu qui, sous de simples prétextes mensongers, a obtenu des emprunts et fait des achats, n'a pas employé ce qu'on appelle en droit

---

1. V. Chauveau et Hélie T. V, nᵒ 2203. Blanche VIᵉ Etude, nᵒ 163.

les manœuvres frauduleuses, caractérisées dans leur but et leurs moyens par l'article 405 du code pénal [1].

Ne constituerait pas non plus la manœuvre frauduleuse de l'article 405, le fait d'un domestique qui, loué par un cultivateur pour la saison des récoltes, se fait remettre, à titre d'arrhes, une certaine somme d'argent, et ne reparaît plus .[2]

— N'est pas coupable d'escroquerie le courtier d'une agence de publicité, qui, pour obtenir des abonnements exalte la modicité des prix comparée à l'étendue de la publicité prononcée, et ne fait allusion qu'à un prix de 2 à 4 fr. par an, quand, en réalité, le prix réel de l'abonnement est beaucoup plus élevé. Il en est ainsi, alors même que le courtier aurait fait remplir et signer rapidement, sans les lire, les cartes d'abonnement, une fois que les conditions ont été arrêtées et qu'un accord est intervenu. N'est pas constitutif de l'escroquerie, le fait, par le courtier de se présenter chez les clients, à une heure tardive, dans une mise recherchée, de faire chez eux des acquisitions importantes qu'il paie comptant, et de prendre la fausse qualité de comte; aucune de ces circonstances n'étant de nature à faire attribuer à l'agence représentée, un crédit plus grand que celui auquel elle a droit. Et le fait, par un courtier, de se dire mensongèrement le représen-

1. Cass. 1ᵉʳ juillet, 1842. — 11 mai 1839. — 14 septembre 1850. — 20 mars 1852. — 11 juillet 1861.

2. Et, lors même qu'il pourrait y avoir, dans certains cas, manœuvre frauduleuse, l'article 405, à notre avis, ne s'appliquerait pas davantage, par ce motif que ia manœuvre frauduleuse. n'aurait pas pour but dans l'espèce de « persuader l'existence d'une fausse entreprise » ou de faire naître « l'espérance d'un évènement chimérique. » (Voir infrà nᵒˢ 151 et suivants).

tant d'une agence établie à Paris, alors qu'elle est établie à Marseille, ne suffit pas davantage pour caractériser l'escroquerie, lorsque cette allégation, isolée de toute manœuvre, est démentie par les mentions du bulletin d'abonnement remis au souscripteur [1].

— La seule présentation, même dolosive, par un marchand ou par son commis, d'une facture exagérée, ne renferme pas la manœuvre frauduleuse constitutive du délit d'escroquerie [2].

— L'individu non médecin, qui, sans prendre un faux nom ou une fausse qualité, s'est fait remettre de l'argent par un malade, en échange de promesses de guérison qu'il était hors d'état de tenir, et qu'il annonçait, par exemple, devoir réaliser par l'application de la méthode Raspail, ne peut être déclaré coupable d'escroquerie, si son affirmation mensongère n'a été accompagnée d'aucun fait qui puisse être considéré comme une manœuvre ayant le caractère de fraude [3].

— Le marchand, qui, après avoir transporté son entreprise dans une autre ville, a imaginé pour obtenir des livraisons d'un ancien fournisseur, de se présenter à lui comme le mandataire ou le recommandé d'un homonyme qui n'est autre que lui-même, désigné comme exerçant toujours dans le lieu du précédent domicile, ne saurait, pour cet acte d'improbité, être déclaré coupable d'escroquerie [4].

— Ne peut être déclaré coupable d'escroquerie, l'in-

1. Cass. 11 juillet 1861. Dall. 61, 1, 454. — Cass. 10 mars 1882. Sirey 82, 2, 119.
2. Cass. 9 avril 1875. Dall. 75, I, 45.
3. Cass. 21 juin 1855, Dall. 55, I, 304.
4. Bordeaux 22 mars 1873. Dall. 73, 11, 149.

dividu qui, au moyen d'un simple mensonge, mais sans employer de manœuvres frauduleuses, se fait remettre une somme de 10 fr. en échange d'une pièce de 0,20 centimes [1].

— Ni l'individu qui se fait remettre quatres pièces de cinq francs contre une neuve de cinq centimes, en se bornant à affirmer que la pièce par lui échangée a une valeur de 20 fr. Il n'y a là, de la part du prévenu, qu'une allégation mensongère, qui, en l'absence de toute autre circonstance, ne suffit pas pour caractériser l'emploi des manœuvres frauduleuses constitutives de l'escroquerie [2].

— Jugé que le fait d'un individu qui se présente comme étant à la tête d'une maison de commerce très importante, ayant besoin de nombreux employés auxquels il promet de bons appointements, alors qu'il est dans une grande gêne, et absolument incapable de remplir ses engagements, et qui, à l'aide de ces allégations mensongères, obtient la remise de sommes d'argent, ne peut être déclaré coupable d'escroquerie [3].

— Que l'individu, qui entré dans un magasin pour y acheter un objet, déclare qu'il a des valeurs réalisables, qu'il paiera le prix de son acquisition dans les premiers jours de tel mois, et frappe sur la poche de son habit, en disant. « J'ai là des valeurs » n'emploie pas la manœuvre frauduleuse voulue par la loi pour constituer le délit d'escroquerie.

---

1. Cour de Caen. Rec. des arr. de Caen et Rouen. A 1859, p. 287.

2. Cass. 19 février 1880. Dall. 80 1, 205. — Cass. 23 août 1872, 72, I, 350. — Cass. 17 janvier 1878, 78 I, 144.

3. Cass. 14 avril 1868.

Attendu que si Jacquet n'a pas dit la vérité, en annonçant qu'il avait des valeurs en sa possesion, il n'y a eu de sa part qu'un simple mensonge ; qu'il n'a pas exhibé les prétendues valeurs, et s'est contenté de frapper sur sa poche. en disant « J'ai là des valeurs, » ; que ce geste, en dehors de toute circonstance, ne pouvait avoir plus d'autorité sur l'esprit de la dame Rivet, que les paroles qui l'accompagnaient, et ne saurait, d'ailleurs, constituer une manœuvre frauduleuse. — Il en serait autrement si le prévenu avait fait miroiter aux yeux de sa victime l'argent en question [1].

— Ni l'individu qui obtient une quittance finale sur la promesse faite de mauvaise foi de verser à un jour prochain ce qui reste dû sur la créance [2].

Ni le souscripteur d'un billet, qui, après avoir reçu du mandataire du créancier, une quittance d'une partie de la dette payée, puis la restitution du billet, prétend mensongèrement avoir payé par erreur, la somme mentionnée dans la quittance, et en réclame la restitution en justice [3].

— Ni le fait, même frauduleux, de la part d'un individu, de n'avoir pas exécuté un acte échange d'immeubles, quand cet acte n'est accompagné d'aucun fait caractéristique de l'escroquerie [4].

— Ni le fait de faire signer la cession d'une cré-

---

1. Cass. 12 octobre 1864.
2. Cass. 26 décembre 1840. Dall, 41, 1, 131. — Cass. 10 mai 1850. Dall, 51, 1, 230.
3. Cass. 5 juillet 1874, Dall, 74, 1, 44.
4. Cass. 28 décembre 1844.

ance, en alléguant que cette cession est nécessaire pour en recevoir le montant [1].

— Ni l'affirmation, faite par un créancier, qu'il ferait mettre en liberté son débiteur, s'il obtenait le cautionnement de sa dette, affirmation non suivie d'effet [2].

— Ni l'individu qui a obtenu la remise de sommes d'argent par des discours mensongers, mais sans emploi de faux noms ou de fausses qualités, et, par exemple, en alléguant faussement qu'il est l'auteur d'un écrit politique sous presse, et qu'il a obtenu, aux élections générales 22000 voix comme candidat à la représentation nationale [3].

— Ni le débiteur qui se fait remettre contre une promesse de paiement ultérieur non réalisée, une quittance de sa dette, s'il n'est pas établi que cette promesse ait été accompagnée de manœuvres tendant à obtenir la remise obtenue du créancier [4].

— Ni le fait d'insérer dans une feuille publique, l'annonce mensongère d'un traitement à faire à celui qui, moyennant un cautionnement en espèces, se chargera de la régie d'un domaine considérable ; quoique cette annonce ait été suivie du versement du cautionnement demandé et d'un traité non exécuté par l'individu qui se disait faussement propriétaire de ce domaine [5].

— Ni l'individu, qui, au moyen de la promesse

---

1. Cass. 20 mars 1852, Dall, 52, 158.

2. Cass. 10 avril 1858.

3. Cass. 14 septembre 1850, Dall, 50, 5, 210.

4. Cass. 20 novembre 1862, Dall, 63, 1, 109.

5. Cass. 14 juin 1854.

qu'il ne pouvait réaliser, de faire remettre en liberté un jeune homme retenu en prison, s'est fait donner par la mère de celui-ci, un cautionnement auquel il n'avait aucun droit [1].

— Ni l'individu qui a vendu et exposé en vente des couronnes qu'il disait avoir été bénites par l'attouchement à des reliques, et auxquelles il attribuait des vertus surnaturelles pour la guérison des malades, faisant des menaces à ceux qui refuseraient de les acheter, alors même que les discours du prévenu sont mensongers, si ces discours ne sont accompagnés d'aucun acte extérieur de nature à faire impression sur un esprit raisonnable qui n'eût pas été disposé à accorder aux couronnes les propriétés annoncées [2].

— Ni l'individu qui s'est fait remettre des sommes à titre de prêt, sans s'attribuer de faux noms ou de fausses qualités, mais seulement à l'aide de simples mensonges, non accompagnés de manœuvres frauduleuses, et par suite de la confiance qu'il a su inspirer au prêteur [3].

— Ni l'individu qui pour obtenir des souscriptions à des actions, s'est borné à faire usage d'allégations mensongères, et à donner des espérances trompeuses, sans appuyer ses paroles de faits extérieurs de nature à faire croire à leur sincérité [4].

— Ni le fait d'un marchand qui exagère à dessein les qualités d'un cheval, et trompe ainsi son acheteur,

1. Cass. 11 juin 1861, Dall, 61, 1, 454.
2 Cour de Metz, 21 août 1863. Dall, Rep. p. 1264.
3. Cour de Metz, 22 mars 1835.
4. Cass., 4 avril 1862, Dall. 63, 5, 156.

en attribuant à ce cheval des qualités qu'il n'a pas. Il n'y a point, dans ces exagérations et ces mensonges, les manœuvres frauduleuses exigées par la loi comme élément constitutif du délit.

On ne peut pas non plus y voir aucun autre fait délictueux, qu'on le qualifie abus de confiance, vol, ou même simple filouterie. Il en est de même de la rétention de la marchandise ainsi acquise à la suite d'un échange obtenu à l'aide de ces mêmes mensonges. [1]

— Ni célui qui s'est fait prêter une somme d'argent à l'aide de prétextes mensongers et de discours trompeurs, en disant, par exemple que la somme demandée est destinée à payer les frais d'un procès qui assure à l'emprunteur une position aisée [2].

— Ni le fait de s'être fait remettre certaines sommes du souscripteur de billets, en lui persuadant qu'ils ont été protestés, et qu'il a dû faire des démarches pour en arrêter la poursuite, si d'ailleurs il n'est pas constaté qu'il ait fait usage de faux noms, dé fausses qualités, ou qu'il ait employé des manœuvres frauduleuses [3].

— Ni l'agent d'une Compagnie d'assurances qui a fait payer ou souscrire à des personnes illettrées, à l'occasion du contrat d'assurances par elles consenti, et en leur faisant croire qu'il s'agissait du paiement d'une première annuité, une somme d'un chiffre égal en effet, au montant d'une annuité, mais qui devait,

1. Caen, 21 Déc. 1864. Recueil des arrêts de Caen et Rouen. A. 1865, p. 12.
2. Cass., 14 mars 1841, Dall. Rep. V° Escroq. p. 1266.
3. Cass., 1839, Dall. Rep. p. 1236.

aux termes d'une police qu'il leur faisait signer, sans leur en lire le contenu, servir à l'acquittement des frais de commission stipulés payables d'avance pour vingt années, s'il n'a appuyé tous ses mensonges, et ses réticences, d'aucun fait extérieur, tel qu'intervention de tiers ou mise en scène quelconque [1].

— Ni celui qui s'est fait payer le prix de vente d'un objet en faisant faussement croire qu'il l'a livré [2].

— Ni le représentant révoqué d'une Compagnie de transports maritimes, qui a donné l'ordre de charger des marchandises que celle-ci devait transporter dans le navire d'une compagnie rivale, alors qu'il n'a pris ni faux nom, ni fausse qualité à l'égard de la maison de commerce qui a vendu lesdites marchandises, lui laissant seulement ignorer sa révocation ; ni obtenu d'elle une promesse par écrit d'exécuter son ordre, ni tenté d'obtenir la remise effective des marchandises, qui ont d'ailleurs été fidèlement délivrées en Angleterre à leur destination [3].

— Ni l'acheteur, qui, après avoir pris livraison, nie avoir promis de payer comptant, et soutient qu'il ne doit payer qu'à terme, s'il n'a d'ailleurs, employé, pour obtenir livraison, aucune manœuvre frauduleuse tendant à persuader l'existence d'un crédit imaginaire [4].

— Ni l'individu, qui, achetant avec stipulation de paiement immédiat, disparaît subitement avec les marchandises achetées, sans les avoir soldées [5].

---

1. Cass., 5 février 1863, Dall. 63, 1, 385.
2. Cass., 5 mai 1860.
3. Cour de Rouen, 1869. Rec. des arr. de Caen et Rouen. A. 1879, p. 43.
4. Cour de Bordeaux 1843, Dall, 45, 4, 149.
5. Cour de Nîmes, 15 décembre 1842.

— Ni l'ouvrier, attaché au service d'un atelier, qui se fait livrer une paire de souliers par un cordonnier en lui disant que son maître la lui paiera, quoiqu'il n'y ait pas encore de compte arrêté entre celui-ci et son compagnon[1].

— Ni le mandataire qui expose et perd au jeu la somme reçue en exécution de son mandat[2].

— Ni le porteur d'effets exigibles, qui, pour se faire livrer des marchandises par le marchand débiteur de ces effets, lequel refuse de les acquitter, a exhibé en sa présence du numéraire et des billets de banque auxquels il a substitué adroitement les effets non acquittés[3].

— Ni l'individu qui retient indûment un billet acquitté, et en poursuit une seconde fois le paiement, si le billet n'était resté en la possession du prévenu que par l'effet de la volonté libre du plaignant[4].

— Ne constitue pas la manœuvre frauduleuse, la circonstance que le prévenu a remis à celui de qui émane une quittance obtenue par mensonge, le papier, l'encre et la plume nécessaires pour la faire[5].

— Ne tombent pas davantage sous l'article 405.

— Le syndic provisoire d'une faillite, qui, par menaces de poursuites rigoureuses, et en faisant espérer à la femme du failli d'obtenir un sauf-conduit pour ce dernier, se fait remettre par cette femme, en

---

1. Cass. 6 février 1806.
2. Cass. 18 mai 1858.
3. Cass. 17 février 1809.
4. Cass. 14 thermidor an 13.
5. Cass. 2 juillet 1852. Dall 52-5-246.

garantie de sa créance, des effets de la faillite au préjudice de la masse[1].

— Ni le créancier qui refuse de donner à son débiteur quittance d'une somme qu'il lui remet, et de porter cette somme en compte à valeur sur ses créances[2].

— Ni celui qui souscripteur d'un billet de commerce, le déchire[3].

— Ni l'individu qui emploie un titre anéanti pour prendre une inscription hypothécaire.

— Ni celui qui refuse de rendre des effets prétendus déposés sur gage[4].

— Ni l'acquéreur, qui, nanti du pouvoir à lui donné par le vendeur d'un acte sous seing privé, de vendre l'immeuble dont il n'a pas encore payé le prix, abuse de son mandat, et enlève ainsi à son mandant le prix de l'immeuble et son privilège de vendeur, s'il n'a pas, du reste, employé de manœuvres frauduleuses pour obtenir la vente ou procuration[5].

— Est considéré comme un simple mensonge le fait du débiteur qui a surpris à la crédulité des héritiers de son créancier une quittance définitive, soit en donnant de faux renseignements sur le chiffre de sa dette, et en se prétendant dans une grande pauvreté, soit même en produisant un compte men-

1. Cour de Rouen, 11 mars 1825. Dall. Rep. n° 712.
2. Cass. 29 août 1816. Dall. J. G. n° 718.
3. Cass. 6 germinal an 13.
4. Cass. 28 pluviose an 5
5. Cass. 13 mars 1819.

songer dans lequel figure à son crédit une créance
éteinte dcnt il représente le titre [1].

Mais aussi, la jurisprudence de la Cour de Cassation décide qu'il en est autrement, lorsque le compte
est produit à une personne à laquelle il est étranger,
pour obtenir auprès d'elle un crédit usurpé, et lui
faire croire, par exemple, à la réalité d'une prospé-
rité qui serait purement imaginaire [2].

— Disons aussi que si le mensonge porte sur le nom
ou sur la qualité, l'art. 405 reprend son empire, car
alors il n'y a pas besoin d'autre manœuvre frauduleuse [3].

38. La simple reticence ne suffit pas non plus pour
constituer la manœuvre frauduleuse si elle n'est appuyée d'actes extérieurs.

— Ainsi, il a été jugé qu'un commerçant qui se
fait remettre des marchandises à crédit, après la
cessation de son commerce, qu'il aurait laissé ignorer à ses créanciers, et le refus par d'autres négociants de lui vendre à crédit, ne se rend pas coupable d'escroquerie [4].

Ne se rend pas coupable des manœuvres frauduleuses exigées par la loi pour constituer le délit
d'escroquerie, celui qui revend immédiatement à un
tiers des objets tels que des fagots, qu'il vient d'ache-

1. Cass. 5 décembre 1862. Dall. 63, 1, 109. — Cass. 15 avril 1869.
Dall. 60, 5, 476. — Cass. 25 août 1853. Dall. 53, 53, 488. — Cass. 28 juin
1860. Dall. 60, 1, 471.

2 Cass. 21 décembre 1850, Dall, 61. 5, 192.

3. Cass. 19 septembre 1843, Dall. 43, 4, 248. — Cass. 4 février 1858,
Dall, 58, 5, 164.

4. Cass. 20 avril 1837.

ter sur le marché, sans avoir l'intention ni le moyen de les payer [1].

39. Mais les allégations mensongères et les réticences constituent des manœuvres frauduleuses, lorsque leur nature dolosive ressort d'actes extérieurs pratiqués dans le but d'arriver à s'emparer de la fortune d'autrui.

Les actes extérieurs consistent par exemple ; dans l'intervention d'un tiers, l'exhibition d'une lettre, d'un papier, si l'on se livre à des agissements de nature à manifester la fraude, si l'on fait une démarche ostensible, un voyage ou mise en scène quelconque ou s'il y a eu supercherie préparée à l'avance. Ce sont là autant de circonstances qui viennent corroborer le mensonge, lui donner un corps, et qui constituent les manœuvres frauduleuses.

Ainsi le fait d'un créancier qui montre et feint d'être prêt à remettre des billets à un débiteur venu pour les payer, et qui les retient en s'emparant de la somme dont il a obtenu le versement à l'aide de cette manœuvre, constitue l'escroquerie [2].

Mais ne constitue pas une escroquerie le fait du débiteur, qui, après avoir effectué un paiement et reçu quittance, s'empare subrepticement d'une partie des fonds qu'il vient de verser et qui sont restés sur une table où le créancier les a déposés après les avoir comptés. Ce fait constitue un vol [3].

En effet, dans cette dernière espèce, la délivrance

---

1. Caen, 19 juin 1875. — Recueil des Arrêts de Caen et Rouen, 1875, p. 184.
2. Cass. 29 janvier 1874, Dall, 1880, 11, 66.
3. Cour de Caen, 3 février 1879, Dall, 1880, 11, 67.

de la quittance n'a pas été déterminée par les manœuvres frauduleuses mais bien par un paiement
opéré dans des conditions normales, qui rendent in-
vraisemblable dans cette espèce, l'hypothèse d'une
supercherie préalablement organisée dans le but de
permettre au débiteur de ressaisir tout ou partie de
la somme versée. — D'un autre côté, les billets sous-
traits n'ont pas été remis au prévenu, mais appré-
hendés par lui à la faveur d'une circonstance toute
fortuite, et alors que le créancier en a acquis et entend
en conserver la propriété. Les éléments constitutifs du délit d'escroquerie n'existent pas.

Jugé que l'individu qui demande à un aubergiste
et se fait remettre par lui la monnaie de 1000 fr. en
échange d'un billet de banque de 500 fr. est coupable d'escroquerie, alors que, d'une part, il a présenté
ce billet plié en quatre pour en rendre le contrôle
plus difficile, et que, d'autre part, il a choisi à dessein le moment où l'aubergiste était occupé au service de nombreux consommateurs [1].

— Le débiteur, qui, abusant de la faiblesse d'un
créancier octogénaire, lui a remis comme pièce de
20 fr. en paiement de sa dette, une médaille de lai-
ton, et s'est fait donner en échange la quittance et la
monnaie représentant la différence, est coupable
d'escroquerie, l'affirmation mensongère ayant été
accompagnée en pareil cas de faits extérieurs, de
nature à induire la victime en erreur [2].

— L'individu qui, ayant montré ostensiblement

1. Cass. Dall, 78, 1, 33. — Sic 8 juin 1872, Dall, 72, 1, 288.
2. Cass. 5 mai 1872, Dall, 72, 1. 288.

à un aubergiste son porte-monnaie paraissant contenir plusieurs pièces de 5 fr., obtient de ce dernier la monnaie d'une pièce de 5 fr. et prétend qu'il a remis cette pièce en échange de cette monnaie, est coupable d'escroquerie [1]

— Il y a escroquerie, lorsque les mensonges ont été appuyés de la production de faux télégrammes et de faux actes, et que le prêteur de fonds a été par là induit à croire à un crédit imaginaire, et à espérer un évènement chimérique [2].

Et à fortiori, lorsque le prêt a été fait sur délégation d'une créance fictive, telle qu'une lettre d'expédition à un être imaginaire, d'une caisse qui devait renfermer des documents précieux, et en échange de laquelle le prétendu destinataire devait payer une somme importante.

— Il y a escroquerie dans le fait d'individus, feignant d'être étrangers à la personne chargée de vendre un immeuble, d'avoir amené sous le titre apparent et mensonger de conseillers et d'amis, un jeune homme riche et inexpérimenté, à acquérir cet immeuble pour un prix excédant de beaucoup celui fixé par le vendeur, et d'avoir, par cette manœuvre, réalisé à son détriment, un bénéfice à partager avec le mandataire de ce vendeur [3].

— Le fait, par un individu, qui, figurant dans un contrat de mariage sous un faux nom et un faux titre, a employé avec l'assistance d'un tiers, des manœuvres frauduleuses pour donner à croire à l'existence,

1. Cass. 4 avril 1857, Dall, 57, 1, 230.
2. Cass. 11 octobre 1872, Dall. 73, I, 391.
3. Cass. 15 juin 1864, Dall. 68, 5, 191.

dans sa personne, d'une fortune imaginaire, de se faire remettre aussitôt après la signature du contrat, mais avant la célébration du mariage, les valeurs composant la dot de sa future épouse, constitue l'escroquerie [1].

— L'article 405 est applicable au cas d'un individu qui, pour faire croire qu'il opérait au nom de l'Etat, se faisait accompagner du garde champêtre, pour faire croire que sa compagnie donnait de grands avantages et de grands bénéfices, et produisait des états de répartition imprimés, portant des résultats mensongers. Sur les polices d'assurances qu'il laissait aux mains des souscripteurs, il inscrivait des conditions qu'il ne reproduisait pas sur le double de ces polices.

L'escroquerie n'en existerait pas moins, lorsque le tiers serait de bonne foi, si, par son attitude et ses paroles, il a pu contribuer à donner crédit aux allégations, mais bien entendu ce tiers ne pourrait être poursuivi comme complice, s'il était démontré par l'instruction que l'auteur principal lui faisait jouer ce rôle sans qu'il s'en doutât [2].

Jugé que l'envoi de lettres contenant des allégations mensongères relativement à une entreprise purement chimérique, pour laquelle des fonds sont demandés au destinataire, est avec raison considéré comme constituant l'une des manœuvres frauduleuses dont l'emploi est un élément du délit d'escro-

---

1. Cour de Paris, 19 mai 1866. Sirey, 67, 2. 70.

2. Poitiers 14 septembre 1858, Dall. 58, 2, 196. — Cass. 12 août 1880, Dall. 80. I, 144. — Cass. 20 décembre 1862, Dall. 63, I, 109. — Cass. 19 juin 1863, Dall. 63, I, 385. — 12 novembre 1866, Dall. 68, I, 442.

querie, lorsque ces lettres, émanant de deux personnes différentes, ont été concertées pour mieux surprendre la bonne foi du destinataire [1].

— Les manœuvres à l'aide desquelles un individu s'est fait délivrer par un négociant des marchandises dont il a réglé le prix en billets restés impayés, et qu'il a revendues immédiatement à vil prix, doivent être considérées comme tendant à persuader l'existence d'une fausse entreprise et d'un crédit imaginaire, dans le sens de l'art. 405, lorsqu'il est établi qu'elles ont consisté dans un concert frauduleux organisé avec un tiers, pour faire croire au négociant vendeur que les relations de ce tiers avec des personnages influents devaient amener le succès d'une spéculation sur les marchandises vendues, et lui faire obtenir la décoration de la légion d'Honneur. De telles manœuvres constituent le délit d'escroquerie, s'il est constaté qu'elles ont déterminé la livraison obtenue [2].

— Le négociant insolvable qui se présente à d'autres négociants, dont il est complètement inconnu, comme se trouvant dans une situation prospère, les engage à demander des renseignements sur sa solvabilité, à des tiers dont il cite les noms, et qui, au moyen de ces faux renseignements, parvient à se faire délivrer des marchandises à crédit, est passible de l'art. 405 [3].

De même, celui qui, par des allégations mensongères, confirmées par les assurances d'un complice

1. Cass. 6 janvier 1872, Dall. 72, I, 132.
2. Cass. 12 mai 1881, Dall. 81, I, 448.
3. Cass. 24 août 1848.

lequel a même fait l'offre non sérieuse d'une garantie, a fait croire à une solvabilité qui n'existe pas, et qui, par ce langage, s'est fait livrer des marchandises dont il a réglé le prix en billets qu'il savait ne pas pouvoir payer [1].

Il y a délit d'escroquerie dans le fait du créancier, qui, abusant de l'ignorance du débiteur, lui remet contre paiement un simple fac-simile du titre, et transmet ensuite la véritable lettre de change à un tiers complice, lequel tente d'obtenir à nouveau le paiement par la menace de poursuites judiciaires et par une citation en conciliation.

Et dans le concert de deux individus, qui, tout en persuadant à un créancier que sa garantie hypothécaire est sans valeur, et en l'engageant à produire au plus vite ses pièces à l'appui de ses droits, s'efforcent d'en empêcher la remise de la part des tiers détenteurs, et l'amènent ainsi à leur céder cette créance pour un prix inférieur au quart de son chiffre [2].

—De même l'individu qui, pour vendre ou échanger un immeuble, lui appartenant, a répandu et fait répandre par des tiers dans le public, de faux avis sur la valeur de cet immeuble, et sur de prétendues propositions d'achats qui lui auraient été faites [3].

— Celui qui, indépendamment d'affirmations mensongères présentant comme prospère une exploitation de mine qui jusque là n'avait pas donné de bénéfices sérieux, fait répandre dans le public des ren-

1. Cour de Bourges 11 février 1841 Dall. 41, 258.
2. Cass. 3 juill. 1874. Dall. 74, 1, 44.
3. Cass. 22 juin 1854, Sirey 55, 1, 681.

seignements favorables à l'entreprise par des courtiers auxquels il distribuait à cet effet des actions de
la société, et est parvenu, par ce moyen, à placer au
taux de 1000 fr. des actions à peu près sans valeur [1].

L'individu qui, à maintes reprises, dans des journaux et circulaires, a pris le titre d'inventeur, alors
qu'il n'avait rien inventé, et de propriétaire, alors
qu'il ne possédait aucune propriété, pour se faire
remettre ou tenter de se faire remettre des fonds,
alors même qu'un doute pourrait exister dans
cette espèce, sur le point de savoir si l'usage de
fausses qualités a été la cause immédiate et déterminante de la remise de la chose, le délit d'escroquerie n'en serait pas moins caractérisé dans
le fait de la part du prévenu, d'avoir fait insérer,
dans des journaux français et étrangers, des avis et
circulaires dans lesquels en employant les fausses
qualités susmentionnées, et en se targuant d'une ho-
norabilité personnelle et de parentés dénuées de toute
réalité il affirmait audacieusement l'existence d'un
avis émanant des conseils d'hygiène des grands cen-
tres de population, et favorable à son invention [2].

— Il suffit qu'il soit constaté qu'un individu qui
s'est annoncé dans une localité sous un faux nom
et sous un faux titre, et comme venant y acheter des
propriétés considérables, a, en faisant usage d'un
faux nom et d'un faux titre, obtenu la délivrance
soit de nourriture pour lui et ses enfants par l'hôte-

1. Cas. 8 avril 1863. Dall. 63, 5, 156.
2. Caen, Rec. des arr. de Caen et Rouen, A. 1878 p. 74. — Sic. Cass.
2 août 1877.

lier chez lequel il est descendu, et à qui il avait promis la fourniture de sa maison, soit des fournitures de chaussures, de la part d'un bottier, pour qu'il doive être réputé avoir employé des manœuvres frauduleuses, afin de persuader un crédit chimérique[1].

— L'individu qui, ne se bornant pas à faire aux malades des promesses de guérison qu'il savait ne pouvoir accomplir, joint à ses affirmations mensongères des visions, à l'aide desquelles il prétendait reconnaître la nature du mal, ainsi que les moyens de le guérir, et un concert préalable avec le pharmacien qui devait fournir les remèdes à employer[2].

— L'expert d'une Compagnie d'assurances qui dit à un assuré dont la maison a été détruite par un incendie, et qui allait toucher le montant de l'assurance. « Eh bien ! tu as fait une bonne journée, que vas-tu donner à M. Courtaillon, l'agent, pour ses peines. Celà vaut bien 500 fr. et le fait de celui-ci d'avoir retenu cette somme sur celle de 5.000 fr., sans opposition de l'assuré, qui, d'après le langage tenu par l'expert dans un lieu écarté où il avait été attiré, aurait compris que cette somme était due à l'agent à titre d'honoraires[3].

— Le marchand de bestiaux qui, ayant chargé un tiers de vendre pour son compte un animal à une foire, se présente lui-même comme amateur au moment où l'animal est examiné par un acheteur, vante les qualités de la bête, en offre un prix plus élevé que le prix offert par l'acheteur, et amène

1. Cass. 10 février 1843.
2. Cass. 3 juin 1859.
3. Cass. 20 mai 1826.

ainsi celui-ci à acquérir l'animal pour un prix supérieur à sa valeur réelle[1].

— L'individu qui, rencontrant son bailleur de fonds, lui montre plusieurs voitures de grains, en lui disant faussement : « Je viens d'acheter des grains, et je les conduis dans mes greniers[2].

— L'individu qui obtient crédit chez un épicier à l'aide d'un certificat de contributions, qui déjà n'étaient pas payées, et au-dessous duquel avaient été ajoutés par une main étrangère ces mots : « Ne craignez rien, je réponds du paiement. »

— L'agent d'une compagnie d'assurances qui fait signer aux assurés, dans un but frauduleux, un acte portant renouvellement de leur police d'assurances, et qui, par suite, se fait payer par la Compagnie la remise qu'elle accorde pour chaque assurance, alors que d'une part, les assurés n'ont donné leur signature que dans la conviction où ils étaient qu'ils signaient, non un renouvellement, mais une demande en réduction de leurs cotisations annuelles, et que, d'autre part, pour éviter toute contestation, ils ont acquitté, comme contraints et forcés, les nouvelles cotisations résultant de l'acte qu'on leur a fait frauduleusement signer[3].

— L'entrepreneur de transports qui s'est concerté avec un autre individu pour faire payer au propriétaire des colis, un prix de transport exagéré, au moyen de la présentation d'un bulletin d'expédition

1. Tribunal civil de Dinant. 1er décembre 1880. Sirey, 80, 4, 31.
2. Cass. 1868. Dall. 68, 1, 461.
3. Orléans, 2 juillet 1851. Dall. 52, 2, 32. — Cass. 27 mai 1857. Dall. 57, 1, 223. — Cass. 28 juin 1862. Dall. 62, 1, 305.

contenant des indications mensongères, et de nature à faire croire à un mesurage antérieur et exact des colis [1].

— L'individu qui a fait escompter des billets souscrits par des insolvables, en faisant croire à la solvabilité des souscripteurs, non seulement à l'aide de simples mensonges, mais au moyen de manœuvres frauduleuses tendant à faire confondre les souscripteurs avec des personnes solvables portant le même nom [2].

— Il en est de même lorsque plusieurs individus ont provoqué des propriétaires indivis à faire un compromis à l'effet de sortir d'indivision, et sollicité tour à tour chacun d'eux de vendre la part qui lui sera attribuée avec la pensée de grossir frauduleusement le lot de celui qui aurait promis de vendre, et qui, à l'aide de ces manœuvres, se sont fait nommer arbitres, et ont obtenu de l'un des co-partageants la promesse de vendre sa part à un prix convenu, lequel l'a, en effet, vendue le jour même du partage, à un tiers, prête-nom des arbitres [3].

— Le créancier qui, au mépris de la déclaration du débiteur qu'il entendait acquitter telle dette indiquée, insère dans la quittance la mention d'une imputation sur une dette différente, et qui a dissimulé cette substitution d'imputation en donnant une lecture inexacte de la quittance ainsi réglée [4].

1. Cass. 9 avril 1875. Dall. 75, 1, 45.
2. Cass. 30 juillet 1846. Dall. 46, 4, 269.
3. Cass. 24 mars 1842.
4. Cass- 2 août 1866, Dall. 66, I, 456.

— L'individu, auquel une traite tirée au profit d'un homonyme, a été adressée par erreur, et qui fait escompter cette traite chez un banquier, en se disant mensongèrement créancier du tireur [1].

Sic, celui qui, à l'aide de mensonges qu'il a frauduleusement répandus et fait répandre dans le public, obtient d'un autre un échange [2].

— De même, la présentation frauduleuse de prospectus, indiquant une société anonyme d'assurances sur la vie comme légalement constituée, et d'une liste fausse de membres d'un comité de patronage, dans le but d'obtenir des souscriptions et des versements pour frais d'administration, constitue le délit d'escroquerie [3].

— Quant au fait par un négociant ou industriel, de présenter une facture exagérée, la jurisprudence, dans cette hypothèse, fait une distinction.

L'article 405 ne s'applique pas, s'il n'y a pas d'autres faits que ceux-là, mais l'escroquerie existe si des manœuvres ont été employées pour persuader l'existence de fournitures ou travaux en excédant sur la facture, et pour obtenir la rémunération de ces opérations chimériques, si, par exemple, il y a eu concert entre lui et un tiers, ou bien intervention de ce tiers dont la présence soit de nature à inspirer confiance à la victime du délit.

Ainsi, il a été jugé que le marchand, qui, agissant de concert avec le domestique de celui auquel

1. Orléans 8 mai 1869, Dall. 69, 2, 55.
2. Cass. 2? juin 1854.
3. Cass. 28 novembre 1873, Dall. 74, I, 440.

il a fait des fournitures, a exagéré sur ces factures le chiffre des quantités livrées, et a ainsi tenté de faire payer le prix d'opérations en partie imaginaires, est coupable d'escroquerie [1].

Mais la jurisprudence décide qu'il ne faudrait pas attribuer le même effet à l'intervention du serviteur ou du commis de l'auteur même des manœuvres frauduleuses.

— Jugé que le fait de la part d'un entrepreneur de vidanges, employé par un propriétaire et devant être rétribué d'après la quantité des choses extraites, d'avoir porté sur sa facture, non-seulement un chiffre d'extractions plus considérable que la quantité réelle, mais encore des indications frauduleuses tendant à démontrer l'exactitude de ce chiflre, et d'avoir fait présenter cette facture par une compagnie dont l'intervention était de nature à faire croire à la sincérité du compte, est constitutif de l'escroquerie, si, par ce moyen, il a obtenu le paiement d'un excédant de prix auquel il n'avait aucun droit [2].

Jugé que tous les éléments constitutifs du délit d'escroquerie se trouvent réunis dans les manœuvres frauduleuses d'un notaire qui, à l'aide de fausses mentions d'enregistrement sur les actes, a obtenu de ses clients, le remboursement de prétendues avances de frais qu'il n'a jamais payés au fisc. [3]

— Lorsque. dans les faits reconnus à la charge du

---

1. Cass. 21 février 1868, Dall. 68 I, 414. — Cass. 6 février 1873, Dal. 73, I, 93. — Cass. 6 février 1869, Dal. 69, I, 387. — Cass. 21 janvier 1869, Dal. 69, I, 439.

2. Cass. 21 février 1868, Dal. 68, I, 414.

3. Cass. 21 août 1873, Dal. 74, I, 454.

prévenu, il se rencontre une combinaison d'actes extérieurs, ne constituant pas de simples mensonges,
les dits actes de nature à surprendre et à tromper la
bonne foi d'un acheteur, surtout par l'emploi d'un
faux nom, qui, à lui seul, dans les circonstances de
la cause, ne peut servir à constituer l'escroquerie,
mais qui, joint à ces actes extérieurs, a déterminé
la remise d'argent, en faisant naître l'espérance
d'un évènement chimérique, les manœuvres frauduleuses, nécessaires pour constituer le délit d'escroquerie, existent, et il y a lieu de faire l'application de l'art 405.

« Attendu que le prévenu voulant se faire remettre
une somme d'argent qui ne lui était pas due, vint trouver X... dans le dessein arrêté de simuler une vente,
et lui offrit au prix de 47 fr. chacun, quatre sacs de
blé, qu'il disait mensongèrement être à sa disposition, qu'il appuya ce mensonge par la présention
d'un échantillon de blé qu'il tenait à la main, qu'il
indiqua encore qu'un des sacs était sur le carreau
de la halle où il se trouvait en effet, et les trois autres dans les resserres de cette halle, ce qui n'était
pas vrai ; qu'après le prix débattu, et la vente con-
clue, Devambez, sur la demande de son acheteur,
lui donna comme étant le sien, le faux nom de Mo-
rel, que ce fut encore sous ce faux nom qu'à son re-
tour, une heure après, et affirmant avec mauvaise
foi la livraison comme effectuée, « il toucha le
prix » [1].

40. Les allégations mensongères constituent encore

---

1. Cass, 13 Juin 1837.

des manœuvres frauduleuses lorsqu'elles émanent d'une personne dont les paroles, à raison de sa qualité, inspirent la confiance. La jurisprudence a fait l'application de ce principe dans diverses espèces c'est qu'en effet, bien que l'usage d'une qualité vraie ne puisse pas à lui seul constituer une manœuvre frauduleuse, l'abus de cette qualité pour donner force et crédit à des allégations mensongères, peut devenir un élément des manœuvres frauduleuses [1].

— Le Sr Géry, curé, confesseur et médecin du nommé Reg, avait abusé de l'influence que lui donnait cette triple qualité sur ce dernier, qui était tout à la fois son paroissien, son pénitent et son malade, pour lui persuader que le moyen le plus sûr d'assurer son bien à l'Eglise, ainsi qu'il en avait manifesté l'intention était de lui en faire directement la vente, sauf par lui accomplir la volonté du donateur. Il avait donc fait signer à ce malade un premier acte dans lequel le donateur se réservait l'usufruit, et stipulait la charge de messes anniversaires, puis, après avoir lacéré cet acte, il lui en substitua un autre dans lequel la vente était pure et simple. Il le fit signer au malade, sans lui en donner lecture, au moment où il venait de le confesser, après avoir pris le soin d'éloigner de lui tout témoin. Puis, plus tard, il nia le fidéicommis, se présenta comme acquéreur sérieux et parvint à s'emparer de la succession du prétendu vendeur. Il fut poursuivi pour escroqueries, et condamné aux peines de l'art 405. La Cour de Cassation rejeta son pourvoi [2].

1. Cass. 10 février 1855.
2. Cass. 3 avril 1857, Dall. I, 228.

Attendu, dit la Cour de Cassation dans une autre espèce, qu'il est constaté que le demandeur, notaire à St-Saulge, s'étant fait l'intermédiaire officieux des rapports de créancier à débiteur qui existaient entre Jacquinot et Barbin, avait reçu de ce dernier, ou pour lui, des mains de Penot, dans les derniers jours de mars 1852, une somme de 324 fr. 70 qu'il était chargé de remettre à Jacquinot, à qui elle était due; que, le 2 avril suivant, porteur de la somme entière, il s'est présenté chez Jacquinot, que par une lettre du 30 mars, il avait pris la précaution de le disposer à faire un sacrifice sur sa créance, et lui a dit qu'il n'était parvenu à le mettre à couvert qu'au moyen d'une remise de 100 fr. qu'il avait promise en son nom, que sur le refus de Jacquinot de consentir à une remise si considérable, il a cherché à lui donner des inquiétudes sur le sort de sa créance; en lui présentant son débiteur comme insolvable, et en le prévenant de profiter de l'occasion heureuse que lui offrait un tiers, qu'il eut soin de ne pas nommer malgré les instances de Jacquinot, intéressé à l'acquisition d'un pré que possédait Barbin, et qui, trouvant dans la possession de sa créance un moyen, d'amener ce dernier à lui vendre son pré, voulait bien s'en rendre cessionnaire au moyen d'une remise de 100 fr. que Jacquinot, croyant sur la foi que lui inspirait l'homme public, à l'insolvabilité de Barbin, consentit à une remise de 60 fr. que le demandeur accepta au nom du prétendu cessionnaire, se contentant, pour lui, de la simple main levée de l'inscription de Jacquinot, au lieu de la cession de la créance que ce dernier était disposé à faire; laquelle somme il s'est indûment appropriée. — Attendu que l'arrêt attaqué, en se fondant sur l'ensemble de ces faits, et notamment sur la lettre écrite par le demandeur le 30 mars 1852, sur sa démarche du 2 avril, et sur la qualité de notaire dont il était revêtu, pour reconnaître l'existence de manœuvres frauduleuses ayant pour but d'inspirer à Jacquinot la crainte chimérique de perdre sa créance, et en décidant qu'il s'est rendu coupable du délit d'escroquerie, a fait une juste application de l'article 405 [1].

— L'individu, qui se disant faussement le délégué du préfet, et exhibant pour le faire croire une prétendue liste de souscriptions revêtue d'un en-tête imprimé, et de l'estampille de la préfecture, s'est présenté au domicile des citoyens, accompagné d'une personne ayant une position de nature à inspirer confiance, et a recueilli, en faisant naître l'espoir chimérique de venir en aide aux victimes de la guerre, des sommes qu'il s'est empressé d'appliquer à son profit unique et personnel, est coupable d'escroquerie [2].

41. Il faut que les manœuvres frauduleuses aient eu pour objet de faire croire à la victime à un état de choses qui l'a déterminée à faire ce qu'elle n'aurait pas fait, si elle n'avait pas été induite en erreur [3].

42. Il ne suffit pas, pour tomber sous l'application de l'article 405, que les actes employés soient frauduleux, il faut qu'ils soient le résultat d'une

---

1. Cass, 14 mars 1855. Dall. 55, 1, 20.
2. Cass· 16 décembre 1871 Dall. 71, 1, 365.
3. Chauveau et Hélie T. V, n° 2208 — Blanche. VI étude n 176

combinaison préparée pour tromper et surprendre la confiance.

— Conformément à ce principe, la jurisprudence décide que le fait par une personne de contracter de nouveaux emprunts, sachant qu'elle est dans l'impossibilité absolue de rembourser les premiers, ne tombe pas sous l'application de l'art 405. [1].

— Qu'il en est de même du fait de la part d'un individu de conserver le titre d'une obligation après son acquittement, et même d'en poursuivre deux fois le paiement [2].

— Que la même solution doit être admise au cas de substitution à une somme d'argent, au moment du paiement, de billets souscrits par celui même qui le reçoit [3].

— Qu'il en est de même du créancier qui cherche à obtenir une deuxième fois de son débiteur, ou de l'héritier de son débiteur, le paiement de sa créance [4].

43. Si la victime pouvait facilement vérifier les assertions du prévenu, les manœuvres frauduleuses cessent d'être punissables.

Ainsi jugé au cas où la victime, instruite ou sachant lire, pouvait prendre connaissance du papier qu'on lui présentait [5].

Nous avons déjà examiné cette question en ce qui concerne la fausse qualité de créancier (Voir n° 28).

— Jugé que l'emploi d'une affirmation menson-

---

1. Cass. 28 mai 1808.
2. Cass. 26 mars 1821.
3. Cass. 17 février 1809.
4 Cass. 15 avil 1850, Dall, 60, 5, 476. — Cass. 25 août 1853, Dal. 1853, Dal. 53, 1, 448. — Cass. 28 juin 1860, Dal. 60, I, 471.
5. Cass. 18 juin 1860, Dal. 63, I, 385.

gère pour déterminer une partie à ne pas se présenter, à l'effet de soutenir son opposition à un jugement par défaut, sous prétexte que l'affaire serait arrangée, ne saurait, bien que celui qui y a eu recours, ait ainsi frauduleusement obtenu un jugement de débouté d'opposition, être considéré comme une escroquerie par ce motif que la victime pouvait contrôler cette assertion, et ne pas être si confiante [1].

44. Il ne suffit pas que les faits dénoncés comme constitutifs de l'escroquerie, aient eu pour but et pour effet, soit de persuader l'existence de fausses entreprises, d'un pouvoir ou d'un crédit imaginaire, soit de faire naître l'espérance ou la crainte d'un succès, d'un accident ou de tout autre évènement chimérique, il faut que ces faits en eux-mêmes constituent des manœuvres frauduleuses.

— C'est ainsi qu'il a été jugé, que sous le code pénal actuel, il ne suffit pas, comme sous la loi, du 22 juillet 1791, pour constituer le délit d'escroquerie, qu'il y ait eu dol mis en usage pour abuser de la crédulité d'un tiers, il faut l'emploi de manœuvres frauduleuses qui aient exercé sur la volonté de la personne escroquée une influence déterminante, qu'en conséquence, l'acceptation, par un médecin, d'une somme d'argent, spontanément offerte pour faire exempter un jeune homme du service militaire, ne constitue pas le délit d'escroquerie, lorsqu'il n'a employé aucune manœuvre frauduleuse pour persuader l'existence de son crédit imaginaire [2].

1. Cass. 10 août 1867, Dal. 72, 5, 213.
2. Cass. 14 juin 1843, Dal. 27 sept. 1844, Dal. p. 1278.

— Jugé de même quant au fait, par un individu, de négocier des traites par lui tirées sur de prétendus débiteurs, auxquels il envoie les fonds nécessaires pour le paiement, bien qu'il ait pu avoir pour but de persuader à ceux au profit de qui la négociation a lieu, l'existence d'un crédit imaginaire, ce fait ne présentant pas le caractère des manœuvres frauduleuses de l'art. 405 [1].

45. Il n'est pas nécessaire, pour qu'il y ait escroquerie, que les manœuvres frauduleuses qui la constituent, aient été toutes pratiquées le même jour, ni au même lieu, il suffit qu'il y ait connexité entre les unes et les autres [2].

46. Il faut l'intention frauduleuse, l'intention fermement arrêtée d'induire en erreur. C'est-à-dire que si l'agent a été de bonne foi, il ne tombe pas sous l'application de l'art. 405.

— Le nommé Barra avait montré à plusieurs personnes l'ancien grimoire, et leur avait dit qu'il connaissait le secret de faire de l'or. Son expérience, toutefois, ne réussit pas. Il promit de rembourser les sommes qui lui avaient été remises, mais ne tint pas parole. Poursuivi devant le tribunal de St. Omer, il fut condamné aux peines de l'art. 405. Il porta appel de cette décision devant la Cour de Douai, qui l'acquitta, et la Cour de Cassation confirma cette décision, par le motif qu'il était déclaré que, croyant fermement à la réussite de son entreprise, il avait agi de bonne foi.

— Autre espèce. — Le régisseur d'un octroi avait

1. Cass. 3 juillet 1845. — Rouen 29 août 1845, Dal. Rep. p. 1278.
2. Caen. Recueil 1870, p. 235.

promis une place de caissier à un individu qui lui avait remis, comme une garantie de sa gestion, plusieurs traites. Mais, postérieurement à cette convention, le préfet s'était réservé, par un arrêté, la nomination de cette place. Comme les traites étaient en circulation, et que la promesse était devenue vaine, le régisseur fut poursuivi comme escroc, et condamné en première instance aux peines de l'art. 405. Il porta appel de cette décision. Et la Cour de Cassation saisie du pourvoi décida que l'art. 405 ne s'appliquait pas.

« Attendu que, pour constituer le délit d'escroquerie, il faut nécessairement qu'il y ait eu abus de crédulité, ce qui ne peut arriver que quand il est acquis que le prévenu d'escroquerie savait qu'il en imposait par ses promesses; ses entreprises, et les espérances qu'il donnait, et que ceux avec lesquels il traitait, ignoraient réellement que leur adversaire se targuait de fausses promesses, de fausses entreprises, et qu'il les berçait d'espérances chimériques ; car, l'on n'abuse pas de la crédulité d'autrui, lorsque l'on croit vrais les faits qu'on lui débite, et la crédulité de celui-ci n'est pas abusée, lorsqu'il connaissait d'avance la fausseté des faits qui lui sont racontés [1]

47. Faut-il, pour que l'art. 405 reçoive son application, que les manœuvres frauduleuses aient été de nature à compromettre la prudence et la sagacité ordinaires, ou bien ne suffit-il pas qu'elles aient trompé la crédulité de la personne qui en a été la victime.

---

1. Cass., 13 fructidor an 13.

Si nous consultons la jurisprudence de la Cour de
Cassation, nous la voyons, à une première période,
décider « que pour qu'il soit fait application de l'art.
405, il faut qu'il ait été fait emploi de moyens de
nature à compromettre la prudence et la sagacité
ordinaire, et que l'on ne doit pas considérer comme
manœuvre de l'art. 405, celle qui n'est pas de nature à tromper la prévoyance ordinaire du commun
des hommes, et moins encore la prudence et la ré-
flexion qui doivent diriger les négociants dans leurs
opérations de commerce[1]. »

Cette doctrine était dangereuse, car, si tel individu est d'un esprit borné, s'ensuit-il que la loi ne
doive pas le protéger? Ne semble t'il pas, plutôt,
qu'il a plus besoin que tout autre du secours de
celle-ci? Et, d'un autre côté, ajoute M. Dalloz, l'a-
gent sera t'il moins coupable parcequ'il lui aura
suffi du piège le plus grossier pour atteindre son
but! Non, la loi doit protéger aussi bien les personnes ignorantes et naïves, que les moindres manœuvres suffisent à duper, que celles qui sont trom-
pées par les trames les mieux ourdies. Sans doute,
il est à désirer que chaque individu ait assez de
lumières et de bon sens pour déjouer les ruses gros-
sières qui sont mises en pratique à son égard; mais
son défaut d'intelligence et son incapacité à se dé-
fendre, justifient-ils la tromperie employée contre
lui? que cette tromperie soit moins périlleuse

1. Cass., 13 mars 1806, Dall. Rep. V° Escroq. p. 1276. — 23 avril 1807,
Dall. Rep. V° p. 1277. — 28 août 1811, Dall. Rep. V° Escroq. p.
1277.

parcequ'elle est moins habilement mise en œuvre, celà est vrai ; mais, de ce que le délit est moins grave, ou de ce qu'il révèle un agent moins dangereux, son existence n'en est pas, pour celà, effacée. Telle est aussi l'opinion de M. Blanche ; c'est qu'en effet, dit le savant auteur, la raison seule indique que la manœuvre devient punissable dès qu'elle trompe celui auquel elle s'adresse [1].

Du reste, la Cour de Cassation a abandonné sa première jurisprudence, et il résulte de son esprit que si les manœuvres frauduleuses ont eu sur la volonté de la victime, une influence déterminante, elles doivent être réprimées par les peines de l'article 405.

1. Chauveau et Hélie T. V. n° 2208. — Blanche, VI° Etude n° 176. Dalloz, v° Escroq. p. 1228.

SECTION IV

DES MANŒUVRES FRAUDULEUSES (*Suite*)

SOMMAIRE

48. Nous avons vu, quel est le caractère légal des manœuvres frauduleuses, quelles conditions elles

doivent remplir pour tomber sous l'application de la loi pénale. Mais, s'il suffit pour être passible de l'article 405, d'avoir à l'aide d'un faux nom, obtenu ou tenté d'obtenir la remise d'objets appartenant à autrui. — S'il suffit, pour être passible de ce même article, d'avoir, à l'aide d'une fausse qualité, obtenu ou tenté d'obtenir la remise d'objets appartenant à autrui, il n'est plus permis de raisonner ainsi en ce qui concerne les manœuvres frauduleuses, et nous arrivons à l'examen des règles fondamentales qu'il est nécessaire de poser.

49. Il faut établir en principe que toute manœuvre frauduleuse, encore bien qu'elle réunît toutes les conditions voulues par la loi, ne serait pas punissable, lors même que le résultat cherché aurait été obtenu, si elle n'a pas été employée « pour persuader l'existence de fausses entreprises, d'un pouvoir ou d'un crédit imaginaire, ou pour faire naître l'espérance ou la crainte d'un succès, d'un accident ou de tout autre évènement chimérique. »

50. Ainsi, il a été jugé que, si le fait, par un directeur de filature, d'employer un dévidoir frauduleusement élargi, et des poids surchargés dans le but de tromper les ouvriers sur la quantité des cotons qu'ils travaillent et de les priver ainsi d'une partie de leur salaire, est un fait assurément blâmable et malhonnête, il ne constitue pas les manœuvres frauduleuses voulues par la loi [1].

51. Persuader l'existence d'une fausse entreprise, c'est arriver à l'aide de manœuvres frauduleuses, à

---

1. Cass. 24 février 1854, Dall, 54, 5, 1, 215.

faire croire à une personne qu'une entreprise que l'on expose à son esprit, est vraie, tandis qu'elle ne l'est pas du tout, ou qu'elle ne l'est qu'à moitié.

Ceci nous amène à dire qu'une entreprise fausse peut ne pas exister du tout, ou bien exister différente de celle que l'on a fait miroiter aux yeux de la victime. Dans les deux cas, l'article 405 reçoit son application. — Il en est ainsi non seulement lorsqu'une entreprise est de tous points chimérique, mais encore lorsque, ayant un fonds certain, elle présente dans quelques parties, des circonstances entièrement fausses[2].

52. Il y a fausse entreprise dans le fait d'un individu qui, pour se procurer frauduleusement des fonds en vue de jeux de bourse, a simulé une entreprise ayant pour objet le placement des économies quotidiennes en valeurs sérieuses, et d'une nature déterminée, cet individu doit être déclaré coupable d'escroquerie, alors surtout qu'il est établi qu'il trompait sa clientèle par la confection et la remise de titres provisoires n'offrant aucune garantie, et qu'il faisait mensongèrement affirmer par ses courtiers l'existence de dépôts considérables de titres d'obligations dans les bureaux d'importants établissements de crédit[3].

— Décidé de même dans le fait d'un individu, qui, simulant la formation d'une société pour l'exploitation de carrières dont il s'est fait consentir la vente

---

1. Cass. 15 juin 1849. Dall. 51, 5, 253.
2. Cass. 24 décembre 1860. Dall. 61, 5, 192. — 2 janvier 1863. Dall. 63, 1, 384. — 28 mars 1867. Dall. 67, 1, 510.
3. Cass. 14 juin 1869. Dall. 70, 1, 44.

conditionnelle moyennant un prix très important, alors qu'il était sans ressources pécuniaires, et promettant à un tiers, dans cette prétendue société, une place avantageuse qu'il savait ne pouvoir lui donner, profite de la position apparente de fortune qu'il s'est faite pour décider celui-ci à souscrire l'engagement de verser une somme considérable à titre de cautionnement[1].

— Sic, dans le fait d'un individu qui se fait remettre des fonds pour les employer à acheter des actions dans une société sans existence réelle, imaginée par lui pour se procurer de l'argent, et le détourner à son profit[2].

— Dans le fait du gérant d'une société commerciale, qui a continué les opérations sociales, et en a entrepris de nouvelles, en laissant ignorer aux tiers de qui il obtenait ainsi des fonds, que la société était dissoute[3].

— Dans le fait de l'individu, qui, pour obtenir des remises d'argent, a dénaturé les résultats d'une entreprise dont le fonds est certain, en faisant figurer dans ses états, des dépenses exagérées ou fictives[4].

— Dans le fait d'individus qui, ayant usurpé la qualité de commissionnaires de marchandises, et simulé une société commerciale, ainsi que des rapports sociaux purement imaginaires, ont, à l'aide de ces moyens, obtenu de nombreuses livraisons de marchandises, qu'ils déclaraient devoir être ex-

---

1. Cass. 20 mars 1857. Dall. 57, 1, 152.
2. Cass. 1849. Dall. 51, 5, 233.
3. Cass. 1850. Dall. 50, 5, 209.
4. Cass. 1861. Dall. 61, 5, 192.

pédiées en pays étranger, et qu'ils ont immédiatement revendues à vil prix [1].

— Dans le fait d'un individu qui a créé des mandats fictifs, ayant pour cause de prétendues fournitures de marchandises, lorsqu'ils ont pour but de tromper ceux auxquels ces mandats ont été négociés.[2]

— Il y a encore fausse entreprise dans le fait de l'individu qui a fait souscrire des actions pour la constitution d'une société purement chimérique, qu'il prétendait mensongèrement dans ses prospectus comme étant déjà placée sous la direction d'un comité au nom duquel il écrit, et comme ayant dès à-présent de nombreuses relations avec des maisons de commerce, dont il donnera plus tard, dit-il, la liste [3].

La jurisprudence veut ainsi atteindre les entreprises créées, dans le but d'exploiter l'attrait qu'offrent les placements de capitaux, en valeurs ou titres remboursables avec lots, et qui engloutissent la plupart du temps les économies de ceux qui, trop confiants, se font les dupes d'adroits escrocs.

En résumé ; la jurisprudence décide que, dès que le prévenu a su persuader, par ses manœuvres, qu'une entreprise vaine et sans ressources était riche et féconde, il y a là une fausse entreprise dans le sens de l'art. 405 du Code pénal. On est heureux de pouvoir ainsi frapper les agents d'affaires véreuses qui ne craignent pas d'attirer à eux les petits capitaux de beaucoup de

---

1. Cass. 23 avril 1857. Dall. 57, 1, 268. — Chauveau et Hélie. T. V. nº 2213. — Blanche. VIᵉ Etude nº 178.
2. Cass. 26 février 1845. — Paris, 1845. Dall. 45, 5, 248.
3. Cass. 12 juillet 1862. Dall, 63, 5, 153.

gens trop crédules, et chez les quels, vient en définitive, s'engloutir l'épargne du pauvre et du travailleur [1].

— Des assurances.

— La Disposition de l'article 348 du code de commerce, d'après laquelle toute réticence, toute fausse déclaration de la part de l'assuré, toute différence entre le contrat d'assurance et le connaissement, qui diminueraient ou changeraient l'objet du risque, entraînent la nullité de l'assurance, n'est pas exclusive de l'exercice de l'action publique pour délit d'escroquerie à raison de ces mêmes faits.

— Il y a donc délit d'escroquerie de la part de celui qui, après avoir fait assurer sur un navire sciemment voué à une perte certaine, des marchandises auxquelles il a donné une valeur exagérée, par la production de factures fausses, n'a chargé à bord qu'une partie de ces marchandises, qu'il avait présentées comme lui appartenant, bien qu'elles fûssent la propriété d'un commerçant menacé de faillite. De tels faits constituent l'emploi de manœuvres frauduleuses pour persuader l'existence d'une fausse entreprise [2].

— De même dans le fait de celui qui, connaissant le projet d'un capitaine de navire, de perdre son bâtiment en mer, charge sur ce navire des marchandises, qui le fait assurer pour une somme supérieure à leur valeur réelle, en produisant une facture ou copie de facture qui leur attribue faussement cette valeur, de

1. Vide — Cass. 5 décembre 1873. Dall, 74. 1, 181. — Chauveau et Hélie T. V. n° 2213. — Cass. 15 mars 1869, Dall, 70, 1, 44. — Assurances.
2. Cass. 2 juin 1864. Sirey, 64, 1, 302.

tels faits constituent l'emploi d'une manœuvre frauduleuse pour persuader l'existence d'une fausse entreprise, dans le sens de l'article 405[1].

53. Le pouvoir, c'est l'autorité qu'une personne a ou peut avoir ; le crédit ; c'est l'influence dont peut disposer une personne dans certains cas.

Persuader à quelqu'un que l'on est investi d'un pouvoir ou d'un crédit, alors que ce pouvoir et ce crédit n'existent pas, c'est persuader à cette personne l'existence d'un pouvoir ou d'un crédit imaginaire. Cette catégorie de faits, disent MM. Chauveau et Hélie, renferme tous les actes qui ont eu pour but de faire croire que l'agent possède des titres, une position sociale, une influence, une fortune, des relations, une puissance quelconque qu'il ne possède pas en réalité. Ajoutons, que le pouvoir ou le crédit sont imaginaires, dans le sens légal, dès que l'agent ne peut pas tenir sa promesse, et qu'il a su, en le faisant, qu'il ne pourrait jamais la tenir [2].

54. La Jurisprudence a fait l'application de ce principe aux espèces suivantes.

Au fait d'un individu qui se fait remettre de l'argent sous prétexte de présents à faire à des juges, pour en obtenir une décision favorable [3].

— Au fait d'un prêtre interdit, qui a, sans autorisation et contre la volonté de ses chefs, élevé un autel dans sa maison, en y ajoutant une exposition incessante d'ornements et de vases d'église, et qui,

---

1. Cass. 2 janvier 1863, Dalloz, 63, 1, 383. — V. toutefois — Contrà Aix, 14 mars 1857. Sirey, 57, 2, 244.

2. V. Chauveau et Hélie. T.V . n° 2214.

3. Cass. 28 mars 1812.

exhibant aux gens crédules de la campagne des registres contenant des annotations prétendues mystérieuses, s'est fait remettre de l'argent pour un grand nombre de messes par jour, qu'il promettait de dire à l'intention d'un porc, d'une mule, d'un âne, alors malades, ou bien pour rappeler près de son amante un amant infidèle, faire gagner à un plaideur son procès, faire retrouver un objet perdu ou volé, chasser un esprit frappeur, et guérir tous les maux qui provenaient d'un autre que de Dieu [1].

— Il en est ainsi, lorsque l'individu n'aura pas trompé sur sa position, mais se sera attribué un pouvoir ou un crédit dont il est absolument dépourvu. Jugé que l'individu, réellement employé dans une administration, qui se revêt d'un pouvoir qui appartient à l'administration, mais dont il n'est pas investi ; et qui, par ce pouvoir ou ce crédit imaginaire se fait remettre des valeurs, est coupable d'escroquerie. La fraude, en ce cas, est encore plus dangereuse, parce que l'illusion est plus facile [2].

55. Faire naître l'espérance d'un succès, c'est donner l'espérance d'un fait heureux. Cette espérance devient l'espérance d'un succès chimérique, lorsqu'il ne doit pas se réaliser.

Faire naître la crainte d'un accident, c'est faire craindre à une personne, que tel fait malheureux se produise. Faire naître l'espérance ou la crainte de tout autre évènement chimérique, c'est bercer les illusions d'une personne en lui faisant croire qu'un

1. Cass. 30 mars 1857. Dall, 57, 1, 352.
2. Chauveau et Hélie T. V. nº 2215.

évènement heureux arrivera, tandis qu'il ne doit pas se réaliser, ou en lui faisant croire qu'un évènement malheureux se présentera, tandis qu'il n'en est rien ; c'est lui faire croire qu'un droit ou une obligation existe pour elle, tandis que celà, est faux ; c'est exciter la cupidité ou les passions par de vaines illusions ou de brillantes promesses [1].

56. Pour que l'Evènement soit chimérique, il suffit que l'espérance d'un évènement quelconque ait été déçue pour la victime, lors même que le prévenu aurait pu le réaliser, s'il ne l'a pas fait. Il importe peu, d'ailleurs, que le fait soit purement imaginaire ou susceptible de s'accomplir ; cette circonstance serait importante s'il s'agissait d'établir la bonne foi de l'agent ; mais, en admettant la fraude, l'évènement doit être considéré comme chimérique, soit qu'il n'ait jamais existé, soit qu'il ait dépendu de l'agent de le produire, soit enfin que son existence soit vraie, mais dans des circonstances et avec des conditions différentes de celles qui ont été annoncées par lui [2].

— La jurisprudence a fait l'application de ces principes dans les espèces suivantes :

Sont coupables d'escroquerie comme ayant employé des manœuvres frauduleuses pour faire naître l'espérance ou la crainte d'un succès, d'un accident ou de tout autre évènement chimérique.

— L'individu insolvable qui crée un comptoir général de fonds publics, avec indication, dans ses prospectus, du siège social de l'entreprise, qui n'a

---

1. Chauveau et Hélie T. V. p. 378. Blanche VI.
2. Chauveau et Hélie. T. V. nᵒ 2218.

jamais fait l'objet d'une société, et qui offre au public la vente, moyennant paiement par fractions, de diverses valeurs, avec la promesse de différents avantages et de la remise d'un titre provisoire nominatif, alors que l'espérance d'un titre définitif après le paiement total du prix est le plus souvent chimérique, à raison de ce qu'il ne possède que très peu des titres attribués à ses clients, et qu'il a engagé pour ses besoins personnels, partie des obligations déjà devenues la propriété des acheteurs [1].

— Le chef d'atelier d'une compagnie de chemins de fer qui emploie à son usage particulier les ouvriers qu'il fait payer plus tard par la Compagnie, comme s'ils avaient travaillé pour elle. Dans cette hypothèse, les manœuvres frauduleuses consistent dans la production d'états, de registres certifiés par le chef d'atelier, comme contenant paiement, pour le compte de la Compagnie, de travaux présentés comme exécutés pour elle, tandis qu'en réalité, ils l'ont été dans son intérêt personnel ; En effet, la confection et la production de ces états a nécessairement pour résultat de tromper la dite Compagnie sur l'exécution de travaux qu'elle devait supposer effectués dans son intérêt, et il y a eu là espérance d'un évènement chimérique [2].

— L'individu qui, par l'annonce d'une souscription destinée à couvrir les frais de la construction d'un fourneau économique dans un hôpital, se fait remettre par des personnes charitables, diverses

1. Cass. 5 décembre 1873, Dal. 74, I, 181.
2. Cass. 8 avril 1858.

sommes qu'il dissipe et applique à son profit [1].

— Le gérant d'un bureau de placement non sérieux, qui en employant des manœuvres propres à inspirer aux personnes s'y adressant, l'espoir d'arriver par son entremise à l'obtention des places et emplois qu'elles recherchent, quand, à l'aide de cette manœuvre, il s'est fait remettre par ses dupes des sommes destinées à rémunérer des services purement chimériques [2].

—Des individus dénués de ressources, qui, en employant la fausse qualité de commerçants sérieux, et en se recommandant les uns les autres, se sont fait livrer par plusieurs marchands des marchandises, qu'ils réglaient au moyen de traites fictives, et qu'ils revendaient immédiatement au-dessous du cours [3].

— Le banquier qui, dans des opérations d'avances d'argent à des clients contre remise de titres au porteur, a traité de manière à laisser croire à ceux-ci que leurs titres étaient l'objet d'un simple dépôt de garanties, et qui, ensuite, au moyen d'une liquidation exécutée sans mise en demeure, et d'après une vente fictivement opérée à une époque de baisse, a détourné à son profit une partie du prix de la vente des mêmes titres précédemment opéré à l'insu des titulaires, et à des cours supérieurs. En vain le prévenu dirait-il qu'il n'a pas entendu recevoir un simple dépôt, et qu'il a, avec intention, en mentionnant sur le récépissé le nombre et la na-

1. Cour de Metz 1827.
2. Cass. 13 février 1862, Dal. 62, 5, 140.
3. Cass. 10 juillet 1862, Dal. J. G. nº 728, nº 2. — Cass. 14 mai 1859, Dal. 59, 5, 36.

ture des titres, omis d'en indiquer les numéros, si le sens qu'il attribuait à cette omission a été caché par lui aux intéressés.

En vain dirait-il qu'un compte courant a été ouvert entre lui et ses clients, ce compte n'a pas pu faire obstacle à ce que la remise des titres conservât son caractère de dépôt ou de nantissement.

En vain dirait-il encore, qu'il a agi conformément à l'usage, et en croyant user d'un droit: cette déclaration ne pourrait prévaloir contre les manifestations d'intention frauduleuse qui ressortent nécessairement de la nature des opérations constatées, et la criminalité n'étant pas, d'ailleurs, effacée par la circonstance qu'on se serait cru par ignorance, en droit de commettre le délit en question [1].

— L'individu prévenu : (1°) d'avoir proposé à son agent de change qui avait fait pour lui divers achats d'effets publics, et qui lui demandait une garantie pour ces achats, de prendre livraison avant le terme des rentes achetées pour son compte (2°) d'avoir fixé le jour et l'heure pour cette livraison, (3°) d'avoir engagé l'associé de l'agent de change, qui le cherchait pour lui faire la délivrance des effets achetés, à venir dans son domicile, afin d'y effectuer cette délivrance et d'en toucher le prix, (4°) enfin, d'avoir reçu les effets, selon l'usage du commerce, avant d'en payer la valeur, et d'avoir refusé ensuite d'acquitter cette valeur, sur le motif qu'il l'aurait payé en prenant livraison; tous ces faits constituent l'escroquerie [2].

1. Cass. 28 juin 1862. Dall. 62, 1,305.
2. Cass. 11 decembre 1894.

— L'agent d'une compagnie d'assurances qui a obtenu des souscriptions dans cette compagnie, à l'aide d'allégations mensongères, destinées à faire naître chez les souscripteurs des espérances chimériques, comme celle, par exemple, d'être, au moyen d'une prime fixe, indemnisé en cas de sinistre, de la totalité de la perte éprouvée; alors qu'au contraire, d'après les statuts, la prime est variable en raison du montant total des sinistres de l'année, et que l'indemnité ne doit pas dépasser une certaine partie de la perte totale [1].

— Le mandataire qui a fait figurer dans le compte réglé avec son mandant, une somme faussement présentée comme ayant été payée à un tiers pour courtage de location, alors qu'il a appuyé cet article de son compte, de la production d'une quittance complaisamment fournie par le tiers pour le succès de cette fraude, et que le mandant a pu croire qu'il pouvait, en effet, être soumis à une action en remboursement de la dite somme [2].

— L'individu, qui, pour assurer le succès de la fraude qu'il a commise en altérant et dénaturant la substance d'un engagement contracté à son égard, a intenté un procès au souscripteur devant le juge de paix, pour lui persuader par cette manœuvre qu'il avait le pouvoir de le faire condamner, alors que, par ce moyen, il a réussi à obtenir frauduleusement une somme d'argent à titre de transaction [3].

— L'entrepreneur qui a réclamé à un propriétaire

---

1. Cass. 1857, Dall. 57, 1, 223.
2. Cass. 4 juin 1861. Dall. 66, 5, 181.
3. Cass. 18 mars 1866. Dall. 66, 5, 185.

pour lequel il a fait des travaux, le paiement d'une facture dont les articles ont été frauduleusement enflés, lorsque, pour faire croire à l'exactitude et à la sincérité du compte, l'entrepreneur y a fait apposer le visa du contre-maître, avec le concours duquel il a été dressé, et lorsqu'il a laissé croire qu'un refus de paiement exposerait le débiteur à un procès [1].

— Le notaire, qui, en présentant à son successeur les produits de son étude, les a dénaturés, en ajoutant frauduleusement des chiffres sur les registres, qui avaient servi de base à ce contrat, et qui s'est servi de manœuvres aussi frauduleuses pour en empêcher la vérification de la part de son cessionnaire, et qui, par ces manœuvres et interpolations, a fait croire à l'existence de produits bien plus considérables qu'ils ne l'étaient, en effet, Tout celà devant donner au cessionnaire l'espérance chimérique de profits, qui ne devaient pas se réaliser [2].

— La maîtresse d'une maison de tolérance et une fille de cette maison, qui ont déterminé un mineur venu chez elles avec une forte somme d'argent, à employer cette somme au paiement des dettes de cette fille, envers la maîtresse de maison, dans l'espoir d'emmener chez lui cette fille [3].

— Le marchand ou colporteur, qui, pour déterminer un particulier à lui faire la commande d'un certain travail, avec fournitures de matières à un prix fixé avec exagération, a persuadé à celui-ci, au moyen d'un mesurage mensonger, que la dépense

1. Cass. 20 avril 1866. Dall. 66, 1, 414.
2. Cass. 13 août 1842. — Cass. 27 août 1863.
3. Cass. 14 novembre 1867. Dal. 68, 5, 192.

totale ne dépasserait pas telle somme, et qui, après le travail effectué, s'est fait artificieusement souscrire, sous le faux prétexte qu'il ne serait que le préposé d'une grande Compagnie désignée, l'engagement de payer les fournitures au prix indiqué, est avec raison, lorsque cet engagement, surpris à la bonne foi du signataire, ne reproduit pas les conditions annoncées et est de nature à procurer beaucoup plus que la somme convenue, (le triple dans l'espèce) déclaré coupable d'escroquerie. Il en est ainsi, surtout, lorsque, tant par la menace de l'éventualité de poursuites onéreuses de la part de la Compagnie en cas de défaut de paiement à l'échéance, que par l'appât d'une modique remise pour un paiement au comptant, ce marchand est parvenu à se faire compter immédiatement, sous déduction de la dite remise, la somme indûment réclamée [1].

— L'individu qui prétend avoir reçu mission de Dieu pour annoncer un bouleversement du globe et de grands désastres, en disant que l'on peut s'en garantir en se consacrant à l'œuvre de la miséricorde dont il est le chef, affirmant qu'il a commerce avec les saints, avec Dieu, et qui, au moyen de ces absurdités, se fait donner de l'argent [2].

— L'individu qui a persuadé à différentes personnes que les ombres des morts apparaissaient aux vivants, qu'elles venaient sur la terre réclamer des prières pour se redimer des flammes du purgatoire, et qui leur a insinué, qu'en cas de refus, elles en-

1. Cass. 21 janvier 1869, Dal. 69, I, 432.
2. Cass. 2 juin 1843.

voyaient des maladies aux hommes et aux animaux, et qui s'est fait compter, par des personnes trop crédules, diverses sommes d'argent qu'il avait promis d'employer à faire dire des messes pour le repos des âmes des morts, et qui les a gardées [1].

L'individu qui se fait remettre une somme d'argent, en offrant à des gens illettrés et crédules, des poudres cabalistiques, qu'il leur présente comme pouvant, soit procurer à une fille le mari qu'elle désire, soit obtenir à un autre le gain d'un procès [2].

— L'individu, qui, à l'aide de manœuvres frauduleuses, abuse de la crédulité d'un paysan pour lui faire croire à son pouvoir de le garantir contre les pertes de bétail attribuées à un sort, et pour se faire payer à l'effet de le soustraire à l'influence de la personne qui lui aurait jeté un sort [3].

— Le commerçant qui, soit par manœuvres frauduleuses, soit par des annonces mensongères, soit par une simulation préméditée d'achalandage a fait croire à une valeur très exagérée, et, par conséquent, chimérique, du fonds de commerce qu'il voulait vendre, et qu'il a vendu par suite de ces manœuvres [4].

—L'annonce d'une société par des prospectus mensongers, ne perd pas son caractère d'évènement chimérique, par cela seul que la société ne serait

1. Cass. 23 mai 1806.
2. Bordeaux 15 mars 1879, Sirez, 80. 2, 1.
3. Cass. 19 décembre 1873, Dal. 74, 5, 233. — Sic 30 avril 1871, Dal. 72, I, 382.
4. Cass. 27 août 1863.

présentée que comme un projet ; cette annonce n'est dépourvue de caractère délictueux, que lorsqu'elle concerne un projet proposé de bonne foi ! [3]

— Il y a escroquerie, de la part de l'individu qui se fait remettre des fonds pour les employer à acheter des actions dans une société sans existence réelle, imaginée par lui pour se procurer de l'argent, et le détourner, à son profit [1].

— Sic, dans le fait du gérant d'une société commerciale, d'avoir continué les opérations sociales, et d'en avoir entrepris de nouvelles en laissant ignorer aux tiers, de qui il obtenait ainsi des fonds, que la société était dissoute [2].

— Il convient de placer ici la disposition finale de la loi du 24 juillet 1867 qui est ainsi conçue. Art. 15 : « Sont punis des peines portées par l'art. 405 du Code pénal, sans préjudice de l'application de cet article à tous les faits constitutifs du délit d'escroquerie.

1° Ceux qui, par simulation de souscriptions ou de versements, ou par publication, faite de mauvaise foi, de souscriptions ou de versements qui n'existent pas, ou de tous autres faits faux, ont obtenu ou tenté d'obtenir des souscriptions ou des versements.

2° Ceux qui, pour provoquer des souscriptions ou des versements, ont, de mauvaise foi, publié les noms de personnes désignées, contrairement à la

1. Cass., 17 juillet 1862, Dall. 63, 5, 153.
2. Cass., 15 octobre 1849, Dall., 51, 5, 233.
3. Cass , 27 juillet 1850, Dall. 50, 5, 209.

vérité, comme étant ou devant être attachées à la société, à un titre quelconque.

3° Les gérants, qui, en l'absence d'inventaires ou au moyen d'inventaires frauduleux, ont opéré entre les actionnaires la répartition de dividendes fictifs. Les membres du Conseil de surveillance ne sont pas civilement responsables des délits commis par le gérant.

— Cet article, en réprimant les distributions de dividendes fictifs fondés sur des inventaires frauduleux, a donc réservé la répression des faits, qui, en cette matière, présenteraient les caractères de l'escroquerie. Or, la présentation d'un compte exagéré, lorsque des manœuvres frauduleuses ont été employées pour faire croire à la sincérité des énonciations mensongères qu'il renferme, est considérée comme escroquerie, si ce moyen a procuré à celui qui l'a employé, l'obtention de sommes auxquelles il n'avait pas droit [1]

— Le gérant d'une société par actions, qui, rétribué par l'attribution d'une part dans les bénéfices, a eu recours, pour augmenter frauduleusement cette part, à la confection et à la production d'inventaires dans lesquels la situation de la société est mensongèrement et de mauvaise foi présentée comme ayant réalisé des bénéfices imaginaires, est passible des poursuites de l'art. 405 [2]

— Nous devons rappeler ici une décision de la Cour de Cassation se rapportant à cette matière.

---

1. Cass., 21 février 1868, Dall. 68, 1, 414. — Cass., 3 février 1869, Dall. 69, 1, 387.
2. Cass., 20 janvier 1871, Dall. 71, 1, 272.

C'est que les articles 15 et 45 de la loi du 24 juillet 1867, qui frappent des peines portées par l'article 405, certaines fraudes en matière de sociétés en commandite par actions, et de sociétés anonymes, ne sont pas applicables aux sociétés civiles anonymes d'assurances sur la vie, mutuelles ou à primes[1].

Mais, le fondateur d'une société d'assurances sur la vie, qui, dans le but d'obtenir des souscriptions et des versements, annexe à l'acte constitutif de la société, une liste fictive d'actionnaires présentés comme ayant souscrit le capital social, et en ayant versé le quart, et qui, dans le même but, fait distribuer des prospectus annonçant mensongèrement que ladite société a obtenu l'autorisation du Gouvernement, commet le délit d'escroquerie.

Par suite, il n'y a pas lieu de casser l'arrêt qui, dans ces circonstances, a appliqué les articles 15 et 45 précités de la loi de 1867 au fait incriminé alors que ce fait constituait le délit d'escroquerie réprimé par l'art. 405. C. pénal ; l'existence de ce dernier délit justifiant la peine prononcée[2].

— Sont encore passibles de l'art. 405 :

— L'individu qui s'est fait remettre par un autre des blancs-seings revêtus de bons pour certaines valeurs, en lui persuadant par des manœuvres frauduleuses qu'ils serviraient à lui procurer de l'argent pour sa libération vis-à-vis de ses créanciers, de telle sorte qu'il n'aurait pas à les payer, mais qui, en réalité, en fait usage contre lui[3].

---

1. Cass., 9 mai 1879, Dall. 79, 1, 315.
2. Cass. 1854, Dall, 54, 5, 321.
3. Bordeaux, 1847. Dall, 49, 5, 176.

— Le commis voyageur qui a envoyé à son commettant de fausses commissions, et par ce moyen, obtenu la délivrance de différentes sommes [1].

— L'individu qui, en inspirant à une femme des appréhensions sur l'état de fortune de son mari, se fait remettre pendant la nuit, en l'absence de celui-ci, une partie considérable du mobilier de la communauté, sous l'espoir chimérique de le lui conserver, ainsi qu'à ses enfants [2].

— Le fournisseur qui s'est fait payer le prix de fournitures imaginaires, portées dans son compte en sus des fournitures réelles, si, pour tromper le patron de l'établissement qui a reçu les fournitures, il a eu recours à l'intervention frauduleuse du contre-maître qui lui délivrait des bons accusant mensongèrement la réception de fournitures en quantités égales à celles réclamées dans le dit compte [3].

— L'individu, qui, pour déterminer son créancier à renoncer à la demande par lui faite en justice, a produit une pièce obtenue par surprise, et dont il a dénaturé la portée, de manière à faire craindre à celui-ci l'insuccès de son action, et à en obtenir décharge de la dette réclamée, est coupable de tentative d'escroquerie, si cette manœuvre frauduleuse n'a échoué que par des circonstances indépendantes de sa volonté [4].

— Il y a escroquerie ou tentative d'escroquerie,

1. Cass. 8 novembre 1811.
2. Cass. 6 février 1873. Dall, 73, 1, 93. — Cass. 21 février 1868, Dall, 68, 1, 414. Cass. 5 février 1869, Dall, 69, 1, 38.
3. Cass. 10 novembre 1867. Dall, 67, 11, 217. — Cass. 3 mars 1866. Dall, 66, 5, 185.
4. Cass. 10 juin 1865. Dall. 65. I. 80.

dans le fait de colporteurs, qui, après s'être présentés chez diverses personnes en offrant des marchandises, leur demandent d'en garder une partie à titre de services officieux, se font remettre à ce sujet une signature sous prétexte de se faire ainsi indiquer le nom et la demeure des dépositaires, et laissant entre leurs mains, une facture constatant, non un dépôt mais une vente sous condition, pour, sur le fondement de ces pièces, prétendre plus tard qu'il y a eu vente des marchandises et en réclamer le prix[1].

— Un huissier commet le délit d'escroquerie, lorsque, pour se faire payer des frais qui ne lui étaient pas dûs, il insère dans un dossier soumis à la taxe, un acte qui n'était pas relatif à la procédure, et que, au moyen de la taxe ainsi surprise, et en se prévalant d'un titre, légitime en apparence, mais erroné, il se fait indemniser de frais imaginaires auxquels il n'avait aucun droit. Il en est de même lorsque, après avoir touché le montant d'une créance pour le compte de son mandant, il laisse ignorer à celui-ci le recouvrement, lui suggère frauduleusement des doutes sur la solvabilité du débiteur libéré, et lui propose de devenir acquéreur de la créance dont il s'agit, pour un prix de beaucoup inférieur à sa valeur réelle [2].

— Sic le directeur d'un journal qui s'annonce au public comme l'organe officiel, national et international des places et emplois vacants, et qui, sous la forme déguisée du prix d'abonnement, s'est fait

---

1. Cass. 15 juin 1882. — Sirey 82, 1, 89.
2. Cass. 14 juin 1877, Sirey, 77, 1, 46.

remettre une rémunération pour indiquer à ses clients les places dont il affirmait mensongèrement l'existence et la disponibilité, alors qu'en outre, pour donner force et crédit à des affirmations mensongères, il adressait aux clients une lettre autographe, donnant l'assurance que la place était libre et disponible, et qu'il signait (pour le directeur), en se faisant ainsi passer pour un employé du journal qui confirmait, en cette qualité, les affirmations de son directeur [1].

— Sic, celui qui, pour obtenir un prêt d'argent, remet au prêteur un billet de complaisance qu'il s'est fait souscrire par un individu dont il connaît l'insolvabilité [2].

— Le 19 juin 1863, la Cour de cassation avait décidé que la tromperie qui consiste à faire signer un acte présenté pour un autre, en appuyant l'allégation mensongère d'une lecture partielle, calculée de manière à faire croire à la sincérité de cette allégation, ne sortait pas de la classe des simples mensonges [3].

Mais la Cour a abandonné cette jurisprudence, et elle a décidé depuis.

— Que le notaire qui, en affirmant mensongèrement à un débiteur de l'un de ses clients que celui-ci exige le paiement immédiat de sa créance, sous peine de poursuites, le fait consentir à souscrire au profit d'une autre personne une nouvelle obligation dans l'objet apparent d'en appliquer les fonds à l'ex-

1. Cass. 10 mai 1882, Sirey, 83, 1, 46.
2. Paris, 19 juillet, 1865, Dall, 66, 5, 181.
3. Nass 19 juin 1863. Dall, 63, 1, 385.

tinction de la première, et qui emploie, au contraire, ces fonds, dans son intérêt personnel, tombe sous le coup de l'article 405 [1].

— De même l'homme de confiance d'un notaire, qui, en vue de mettre fin aux réclamations d'un client insistant pour avoir placement d'une somme qu'il avait précédemment déposée à l'étude, a obtenu par surprise, d'un autre client inexpérimenté, la cession au profit du réclamant d'une créance hypothécaire de pareille somme, avec quittance du prix stipulé, en lui faisant croire que l'acte présenté à sa signature et dont lecture ne lui était donnée qu'en partie, n'était autre qu'une procuration devenue nécessaire pour la régularisation d'un détail secondaire, et pour la conservation de son titre de créance [2].

— Est coupable d'escroquerie le notaire qui donne faussement à son client l'assurance qu'un tiers est disposé à lui ouvrir un crédit, qui se fait remettre des effets en blanc par ce client, après avoir pris soin de prévenir entre les parties tout rapport qui aurait révélé la fraude, et qui emploie ces fonds dans son intérêt personnel [3].

Il y a escroquerie, dans le fait, par un commerçant, d'avoir payé ses créanciers avec des billets qu'il savait n'être que des valeurs fictives, et qui étaient mensongèrement causées : valeur reçue en marchandises, alors que par ce moyen, il a réussi à retarder les poursuites, dont il était menacé, et à se

---

1. Nancy, 28 avril 1856, Dall, 57, 5, 148.
2. Cass. 15 mai 1865, Dall, 66, 1, 139.
3. Cass. 1851. Dall, 51, 5, 231.

faire consentir de nouvelles livraisons de marchandises dont il n'a pu payer le prix.

La circonstance que le prix des marchandises dont un commerçant a obtenu la livraison par des manœuvres frauduleuses, sera payé au moyen de l'engagement qui en a été pris après coup par le prédécesseur de ce commerçant, auquel le fonds a dû être retrocédé, ne couvre pas le délit, si cet engagement n'a été pris par le prédécesseur que dans son propre intérêt, et pour se garantir, en sauvant le fonds par un sacrifice, de l'éventualité de pertes plus considérables [1].

L'intérêt que présente la solution ainsi adoptée par la jurisprudence est manifeste. En effet, cette fraude trouvait dans la contrainte par corps, un obstacle à son développement. Mais, depuis la loi de 1867, la contrainte par corps n'existe plus, et c'est pourquoi la fabrication du papier fictif trouverait chez les souscripteurs insolvables un concours d'autant plus facile que le risque d'incarcération à la requête du créancier dupé n'est plus à redouter.

Cette jurisprudence satisfait aux intérêts commerciaux, en donnant à cette fraude les caractères de l'escroquerie, et en apportant la sanction des peines de l'article 405 à l'emploi frauduleux du papier fictif pour se procurer un crédit usurpé, et pour retarder, au préjudice des créanciers, la déclaration de faillite.

Et il a été jugé, par le même arrêt, en ce qui concerne le complice.

---

1. 25 mars 1867, Dall. 67, 2, 174.

« Que doit être déclaré complice des faits reprochés à l'auteur principal, l'individu qui a procuré, en vue de cette tromperie, les billets dont il a été fait usage, surtout s'il fait métier de créer du papier fictif, en faisant souscrire des billets à des gens insolvables, ou à des mineurs, et d'en fournir, moyennant commission, à des commerçants insolvables.

57. Des Menaces de Dénonciations.

Avant la loi du 13 mai 1863, la menace d'imputation d'un fait faux dans le but de se procurer un profit illégitime, était considérée comme une tentative d'escroquerie et comme rentrant à ce titre sous l'application de l'art. 405.

Mais, cette qualification était refusée à la menace fût-ce dans une intention criminelle, de révélation d'un fait vrai. La loi du 13 mai 1863 a eu pour objet de faire cesser la distinction dont il s'agit. L'art. 400. C. pénal modifié, punit d'un emprisonnement d'un an à cinq ans et d'une amende de 50 fr. à 3000 fr. quiconque à l'aide de la menace écrite ou verbale de révélations ou d'imputations diffamatoires, aura extorqué ou tenté d'extorquer, soit la remise de fonds ou valeurs, soit la signature ou remise d'un écrit, d'un acte, d'un titre, (etc). C'est l'odieuse machination connue sous le nom de chantage, et qui consiste dans la menace de l'imputation d'un fait faux, ou dans celle de la révélation d'un fait vrai.

58. De la Tricherie au Jeu.

La tricherie au jeu tombe-t-elle sous l'application de l'art. 405. Sur cette grave et délicate question, il n'existe pas moins de trois systèmes :

Premier système. — La tricherie au jeu constitue une filouterie ou une tentative de filouterie, ou bien elle n'est pas punissable, suivant quelle se présente dans l'une ou l'autre des hypothèses suivantes :

1re hypothèse : Ou bien les joueurs ont joué sur parole, et alors, pas de filouterie, car il n'y a pas, de la part du gagnant, de soustraction frauduleuse, et il ne peut pas y en avoir. Le perdant est lié envers lui, moralement, par une promesse qu'il peut tenir, mais qu'il peut aussi ne pas tenir; On connaît le mot de Portalis « En France, les lois ont quelquefois puni le jeu comme un délit, elles ne l'ont jamais protégé comme un contrat. » La promesse de payer une dette de jeu peut bien ne pas se réaliser, puisque la loi n'y apporte aucune sanction, et puis, obtenir par des moyens frauduleux une promesse de paiement ne constitue pas une filouterie. Il n'y a pas non plus tentative de filouterie, et pour cause, c'est qu'il n'y a pas sur la table, d'enjeux que le gagnant ait été tenté de prendre ou de frustrer[1].

2e hypothèse : Ou bien les enjeux étaient sur table, ou déposés en mains tierces, si le gagnant qui les a

---

1. Cass. 1843, Dal. n° 671. — Cass. 1845, Dal. 45, I, 272. — Cass. 1846, Dal. 46, 5, 547.

obtenus par fraude, s'en empare, il y a filouterie parce qu'il y a soustraction frauduleuse de la chose d'autrui, ou il y a tentative de filouterie s'il a échoué dans son entreprise par des circonstances indépendantes de sa volonté : « Considérant, dit la Cour de Cassation, que le vol. aux termes de l'article 319, C. P. est la soustraction frauduleuse de la chose d'autrui, que si la filouterie n'est qu'une variété du vol, et doit, pour constituer un délit, présenter les mêmes caractères, elle en diffère néanmoins par les moyens d'exécution, qu'elle consiste à employer l'adresse et la ruse pour s'emparer frauduleusement de la chose d'autrui, qu'ainsi, en droit, comme dans le langage ordinaire, la tromperie au jeu rentre nécessairement dans les moyens de filouterie ; que se rend coupable de ce délit, non-seulement celui qui, après avoir trompé au jeu, se saisit et s'empare de la mise déposée comme enjeu par son adversaire, mais encore celui qui, après la partie, exige et obtient du perdant le paiement des sommes qu'il a gagnées par des moyens illicites ; que si, dans ce dernier cas, au lieu de l'appréhension directe de l'enjeu par le gagnant, il y a remise par le perdant, de la somme qui lui est réclamée, cette remise n'est pas volontaire, quelle est le résultat de l'erreur ; qu'en payant, le perdant croit acquitter une dette, et ne fait que céder à l'influence de la fraude qui a été employée par son adversaire pour le dépouiller, qu'il n'y a donc aucune différence à établir entre ces deux cas ; que dans l'un comme dans l'autre cas, il y a recours à l'adresse et à la ruse pour s'emparer frauduleusement de la chose d'autrui.

Considérant, que d'après l'article 401, la tentative de filouterie est punissable comme le délit consommé, quand elle réunit les caractères spécifiés en l'article 2 du même Code ; qu'il ne peut exister aucune distinction entre la tentative de filouterie par tromperie au jeu, et les autres tentatives de délits, qu'elle tombe sous l'application de la loi, quand elle a été manifestée par un commencement d'exécution, et qu'elle n'a manqué son effet que par des circonstances indépendantes de la volonté de son auteur, qu'il suffit donc de rechercher si l'auteur de cette tentative a cherché à s'emparer de la somme par lui frauduleusement gagnée au jeu, ou s'il a fait tout ce qui était en lui pour y parvenir[1]. »

Deuxième système.

La tricherie au jeu constitue, non une escroquerie, mais une filouterie.

Pour tomber sous l'application de l'article 405, la loi veut que les manœuvres frauduleuses aient fait naître l'espoir d'un succès chimérique. Elle ne punit pas toutes sortes de manœuvres. Elle ne punit que que celles qui ont ce caractère.

Eh bien ! ici, ont-elles ce caractère ? Non ! — Elles ont été employées pour rendre chimérique une espérance légitime, qu'elles n'ont pas fait naître, et existant sans elle, mais ce ne sont pas elles qui ont fait naître l'espoir que le joueur gagnerait. Cet espoir, il est inné. Le joueur ne s'est mis au jeu, que parce qu'il espérait gagner. Les manœuvres ont si peu fait naître cet espoir, qu'elles n'ont pas cherché

---

1. Cass. 1854. Dall. 45, 1, 275. — Cass. 1846. Dall. 46, 5, 547.

à détruire la crainte contraire de perdre que balance celle de gagner. Elles ont laissé le joueur en présence des craintes et espérances naturelles du jeu.

Il a joué, espérant qu'il gagnerait, mais sachant également qu'il pourrait aussi bien perdre que gagner, et que son adversaire ferait tout ce qui dépendrait de lui pour le faire perdre.

En un mot, on n'a rien fait pour capter l'esprit du joueur, pour lui persuader quelque chose, pour faire naître...

On a tout simplement manœuvré, pour rendre chimérique l'espérance de gagner, mais cette espérance existait sans les manœuvres. La loi veut que ces manœuvres l'aient fait naître.

Mais, ce n'est pas tout, ajoutent les partisans de ce système. On n'a pas dit à la dupe : Vous gagnerez, et ne perdrez pas. On lui a dit : Jouez, c'est-à-dire, mettez-vous à cette table, pour que nous opposions nos efforts pour vous faire perdre, à vos efforts pour gagner. Jouez, c'est-à-dire nous vous provoquons à un combat.

Et quand même, les prévenus auraient eu l'adresse de laisser gagner les dupes un instant, afin de les allécher. Mais la manœuvre n'a pas pu empêcher les dupes de penser qu'après avoir gagné, elles pourraient perdre, elle a laissé les choses à l'état de combat, de duel. Le perdant devait au contraire, savoir, que plus on gagne, plus on s'approche des chances contraires de perte.

Les manœuvres n'ont pas eu pour but de faire naître les espérances de l'art. 405, mais de faire croire que le jeu était sincère, qu'il n'y avait pas de fripons. Enfin, quand la loi dit : la remise : Cette remise est la conséquence de l'espérance donnée, elle en est la récompense, le fruit, la suite. Quand des intrigants persuadent au cardinal de Rohan qu'il aura un rendez-vous avec sa souveraine, et qu'il leur donne une ample rémunération, l'escroquerie existe bien, c'est bien là le cas de l'art. 405. En effet, il y a l'espérance chimérique, il y a la remise par suite de cette espérance. Ici, rien de pareil.

Million, dit en terminant son remarquable rapport M. Troplong. Million avait été invité à passer la soirée à l'hôtel de France, chez Bacon, il n'était pas venu pour jouer. Il n'avait pas d'argent. Il trouva la partie commencée sans lui, on jouait le baccara, jeu qu'il ne connaissait pas. On substitua le lansquenet au baccara. Jusqu'ici, ce point de fait ne converge pas vers les excitations qui ont frappé votre attention dans l'affaire Peyronnet. . . . . .

. . . .

Ce n'est pas ainsi que les choses se passaient dans cette affaire de 1846, où le vin de champagne, l'adresse et la coquetterie d'Emma Caye avaient été mises en scène, pour faire naître l'envie de jouer, et entretenir l'espoir du gain. »

Non, conclut M. Troplong, il n'y a pas escroquerie il y a filouterie[1]

Troisième système.

Nous arrivons au troisième système, qui triomphe aujourd'hui dans la jurisprudence, et qui enseigne

---

1. Rapport de M. Troplong à la Cour de Cassation. —Cass., 20 janv. 1840, Dall. 46, 1, 72.

que la tricherie au jeu constitue le délit d'escroquerie. Il n'est pas nécessaire, dans cette opinion, comme
le voulait M. Troplong, que le joueur ait amené le
perdant à la table du jeu. Il suffit que, pendant le
jeu, il se soit livré à des manœuvres frauduleuses,
au moyen desquelles il a battu son adversaire, pour
qu'il lui soit fait application de l'article 405.

En effet, disent les partisans de ce système, si les
cartes, au lieu d'être des cartes à jouer, ne sont que
des cartons altérés, arrangés de manière à se procurer un gain infaillible, s'il n'y a de volonté de
jouer que d'un côté, et que de l'autre, il n'y ait que
la volonté de tromper, il n'y a plus de jeu, plus de
conventions de jeu, et tous ces actes qui y ressem-
blent, ne sont que de vaines apparences, des fan-
tômes évoqués par la fraude, et par conséquent, des
manœuvres frauduleuses. Enfin, si au lieu du jeu on
en organise l'apparence, de toutes les manœuvres
frauduleuses qui peuvent faire naître l'espérance
d'un succès, y en a-t-il de plus incertaines que
celles-là ?

La loi veut que le succès soit chimérique ! Ne l'est-
il pas, lorsque le gagnant tient dans ses mains
l'arme avec laquelle il déjoue toutes les chances de
succès de son partenaire ! [1].

C'est ainsi qu'il a été jugé que la tromperie au jeu,
qui a pour résultat une appropriation déloyale de
l'argent des joueurs, est avec raison qualifiée d'escroquerie, lorsque le juge du fait reconnaît que les
manœuvres employées avaient pour but de faire naî-

[1]. Cour de Rouen, 1846. — Cass. 1847, Dall, 47, 1, 168.

tre chez les joueurs l'espérance d'un gain chimérique, celui du gain de parties dans lesquelles se
trouvaient en réalité supprimées toutes les chances
aléatoires qui constituent le jeu loyal [1].

— La Cour de Cassation a encore sanctionné ce
principe tout récemment en décidant que le fait,
par un joueur, d'augmenter ou de diminuer sa mise,
suivant l'évènement du jour, et par là d'augmenter
le gain auquel il n'a pas droit, ou de diminuer la
part revenant à son adversaire, constitue une escroquerie. On retrouve dans ces faits, les manœuvres
frauduleuses ayant pour but de persuader l'existence
d'un crédit imaginaire, ou de faire naître l'espérance
d'un évènement chimérique, prévu par l'article 405
du Code pénal.

« Attendu que les témoins affirment avoir vu et ob-
servé à de nombreuses reprises, pendant une partie
de cartes qui a duré deux heures, les agissements
frauduleux qu'ils imputent au prévenu.

Attendu que ces agissements frauduleux consistent, d'après leurs déclarations, tantôt à mettre sur
la table du bacara, un enjeu minime, qui ne dé-
passait pas ordinairement cinq francs, et à l'augmenter ensuite en laissant tomber subrepticement
sur ladite table une ou deux pièces d'or de 20 francs,
qui était retirée ou produite par le prévenu, suivant
que le coup était gagné ou perdu par le banquier,
qu'au moyen de ces manœuvres, dont le caractère
intentionnel et frauduleux ne saurait être mis en

___

1. Cass. 9 juillet 1859, Dall, 59, 1, 335. — Cass. 16 mars 1860, Dall,
60, 1, 150.

doute, le prévenu faisait, en cas de gain, payer par le banquier une somme supérieure à celle qu'il lui payait lui même en cas de perte.

Qu'il résulte, en outre, des mêmes témoignages, que, dans une occasion déterminée, le prévenu a été vu, après le coup gagné par le banquier, et pendant que celui-ci était occupé à recueillir les sommes engagées sur le tableau opposé, retirant de sa mise, qui était de 45 fr. deux pièces d'or de 20 fr. de façon à diminuer de 40 francs la perte qu'il subissait et le gain acquis au banquier.

En droit : attendu que, d'après l'article 405 du Code pénal, l'escroquerie consiste dans la remise de sommes d'argent ou autres valeurs non dues, obtenues à l'aide de divers moyens frauduleux, et notamment de manœuvres frauduleuses tendant à persuader l'existence de fausses entreprises, d'un pouvoir ou d'un crédit imaginaire.

Attendu que, dans l'espèce, le prévenu, en majorant sa mise, après le coup gagné, employait une manœuvre frauduleuse au moyen de laquelle il obtenait du banquier la remise d'une somme supérieure à celle qui lui était due.

Que, dans une partie de cette nature, comme, en général, tout joueur dans toute partie de jeu, le banquier n'est déterminé à jouer que par l'espérance d'un jeu loyal, c'est-à-dire, dans lequel, en même temps que les chances aléatoires de gain et de perte seront conservées, l'inviolabilité des enjeux convenus sera respectée de façon à ce que la somme qu'il risque de perdre, soit, en tous cas, égale à celle qu'il peut gagner. Que c'était là, dans l'espèce, une espérance chimérique, puisque le prévenu dissimulait sous l'apparence trompeuse d'un jeu régulier et loyal, des agissements secrets consistant à augmenter ou à diminuer dolosivement son enjeu, suivant que le coup était gagné ou perdu pour lui, que cet ensemble de circonstances constitue des manœuvres frauduleuses conformes à la définition de l'article 405 et justifient l'application de cet article aux faits déclarés constants à la charge du prévenu [1]. »

— Jugé qu'il y a escroquerie, dans le fait d'un individu, d'avoir, sous les dehors d'un joueur sérieux et loyal, triché à un jeu de hasard, en présentant comme amenées par le sort, des cartes qu'il avait subrepticement substituées à d'autres, de manière à s'associer toutes les chances favorables, et de s'être approprié, par suite d'un gain des parties, dû à cette fraude les sommes exposées par les autres joueurs [2].

— Sic, de la part du joueur, qui, dans une partie de cartes, et au moment où elles sont arrivées entre ses mains, ajoute à ces cartes un certain nombre de cartes préparées, de manière à amener en sa faveur une série de coups gagnants [3].

— Jugé de même, que le jeu, dit Bonneteau, dans lequel on engage un pari sur la place occupée par une carte, constitue une escroquerie de la part du banquier, qui, par un coup de main, intervertit l'ordre dans lequel il a présenté les cartes à l'assistance, si bien que l'égalité des risques se trouve

1. Cass. 16 décembre 1882.
2. Cass. 6 juillet 1866. Dall. 67, 1, 411.
3. Cass. 31 janvier 1868. Dall. 68, 1, 350.

ainsi rompue, et que les adversaires sont fatalement trompés dans leur calcul [1].

— Mais il y a filouterie, et non escroquerie, dans le fait de l'individu, donnant à jouer dans une foire, de s'emparer violemment et frauduleusement de l'enjeu déposé devant lui, par celui qui tient la partie, et de se dérober par la fuite à ses réclamations [2].

59. Des promesses d'exemption du service militaire.

Il y a tout d'abord une distinction à établir :

Il peut arriver que ces propositions soient faites par des agents ayant en leurs mains le pouvoir d'arriver au résultat dont ils parlent. En ce cas, c'est le trafic de la fonction, et l'art. 177 reçoit son application. Toutefois, si les prévenus sont de simples particuliers, ou des gens revêtus d'une qualité qui peut en imposer, comme celle de médecin, d'officier de santé, mais non compris dans la catégorie ci-dessus désignée, l'art. 405 recevra son application.

Ainsi jugé dans les hypothèses suivantes :

Sont passibles des peines de l'article 405 des individus qui se sont associés pour persuader à des conscrits qu'ils peuvent, à prix d'argent, les faire exempter du service militaire, et qui ont, par des manœuvres frauduleuses, reçu d'eux des sommes d'argent, en faisant naître dans leur esprit l'espoir d'un crédit imaginaire [3].

1. Cour de Paris. 2 avril 1881. Sirey, 81, 1, 331.
2. Cass. 1er juin 1870. Dall. 71, 1, 227.
3. Cass. 18 mars 1808.

— Celui qui fait croire à un conscrit qu'il exerce un certain crédit sur les membres du conseil de révision, et obtient de lui ou de sa famille, après sa réforme du service militaire, la remise d'une somme d'argent, soutenant que c'est à l'aide de son crédit qu'il a été réformé[1].

— L'individu qui se rend au domicile d'un autre, lui promet de faire réformer son fils moyennant 400 fr., lui dit qu'en sa qualité de secrétaire de mairie, il a des relations avec le conseil de révision, et ajoute, que, si son fils n'est pas réformé, il lui rendra cette somme[2].

— L'individu qui se fait remettre de l'argent par un père de famille, en lui promettant d'user sur le conseil de révision pour faire réformer son fils, d'une influence et d'un crédit dont l'allégation était mensongère, lorsque ce même individu a fait un voyage avec le fils pour le conduire chez un médecin, et s'est rendu, un jour de séance, dans la ville où le conseil se réunissait[3].

— L'individu, ayant le triple caractère de père de famille de maître et de maire de sa commune, qui s'est fait remettre de l'argent par son domestique, à l'époque du tirage au sort pour l'achat d'un secret propre à lui faire obtenir un bon numéro, et qui consistait dans l'emploi de certaines pratiques religieuses et cabalistiques, et qui, indépendamment de cela, a fait intervenir son fils pour décider le conscrit à accepter la proposition, en lui citant les

1. Cass., 24 novembre 1842, Dall. 52, 5, 247.
2. Cass., 1859.
3. Cass., 9 août 1861, Dall. 61, 5, 194.

noms de jeunes gens qui auraient, par le même moyen, obtenu le succès promis [1]

— Les agents d'une société qui ont déterminé des pères de famille à leur verser une somme qu'ils déclaraient faussement, dans les polices présentées à leur souscription, être suffisante pour assurer à leurs fils le bénéfice de l'exonération du service militaire, et dont partie était ensuite détournée [2].

— L'individu qui, soit en prenant la fausse qualité de directeur général d'une prétendue société d'exonération entièrement supposée, soit en employant des manœuvres frauduleuses, est parvenu à faire souscrire à des pères de famille l'engagement de lui verser une somme de 1600 fr. ; qu'il s'obligeait à compléter pour faire exonérer leur enfant s'il venait à tomber au sort, et qui, le cas s'étant réalisé, n'a pu exécuter le contrat a raison de sa complète insolvabilité, est coupable d'escroquerie.

Comme le fait remarquer la note de cet arrêt (Voir Dalloz 1863, I, 488 note) cette espèce est assez délicate. Le prévenu ne s'est fait remettre aucune somme d'avance. Il a seulement fait, avec des pères de famille, cette convention, qu'après le tirage, lorsque le sort de leur enfant sera connu, il recevra les 1600 fr. promis, si celui-ci n'est pas compris dans le contingent, et que lui, au contraire, fournira, si l'appelé tombe au sort, les 900 fr. nécessaires pour compléter la somme de 2500 fr. prix de l'exonération. On voit quel parti un individu de mauvaise foi peut tirer de cette situation. Si c'est la chance défavorable qui se présente, il

1. Cass., 30 avril 1868, Dall. 72, 5, 214.
2. Cass., 19 décembre 1867, Dall. 68, 5, 192.

oppose le mauvais état des affaires de la prétendue société d'exonération, et il en est quitte pour ne pas payer. On disait pour le prévenu qu'aucun versement de somme n'avait été fait, et ne pouvait aux termes des conventions, être réclamé aux contractants. Il n'y a donc là qu'un fait d'inexécution d'un engagement civil, mais non pas détournement ou tentative de détournement de tout ou partie de la fortune d'autrui. Mais la jurisprudence n'a pas adopté ce raisonnement qui aurait tendu à faire déclarer d'une manière absolue, l'art. 405 inapplicable aux fraudes commises dans la conclusion des marchés aléatoires.

Dans cette espèce, le prévenu a vendu pour un prix certain une certitude d'exonération purement chimérique, il a obtenu par ce moyen une obligation ou promesse de somme dont il doit nécessairement recueillir le profit en cas de chance favorable. Or, l'obtention d'une obligation ou promesse est assimilée par l'art. 405 à l'obtention de sommes ou valeurs. Il y a de plus préjudice causé ; car les pères de famille, qui auraient pu former avec une autre société pour le même prix un contrat sérieux d'exonération, devaient de toute manière, en traitant avec le prévenu, subir une perte ; si leur enfant n'était pas compris dans le contingent, il leur fallait payer 1600 fr. à un individu qui ne leur avait vendu aucune garantie réelle ; si au contraire, leur enfant tombait au sort, il leur fallait, en plus de ces 1600 fr. payer les 900 fr. que le faux assureur a pris à sa charge [1].

1. Cass. 26 décembre 1863, Dal. 63, I, 488.

— L'individu qui s'étant annoncé dans un lieu, comme ayant assez de pouvoir pour réformer les jeunes gens tombés au sort, a déclaré qu'un autre individu avec lequel il s'était promené était un capitaine de recrutement, et a conduit un conscrit chez un chirurgien en lui promettant de le faire réformer, moyennant une gratification de 800 fr. qu'il s'est fait remettre [1].

— Le médecin qui accepte des sommes d'argent qui devaient être le moyen et le prix de la libération de jeunes gens appelés au recrutement de l'armée, acceptation précédée d'une convention relative à la destination de ces sommes ; il y a là, persuasion de l'existence d'un crédit imaginaire, et accréditant l'espérance d'un succès chimérique [2]

— L'individu qui, pour faire croire à la possibilité de procurer une exemption à des jeunes gens appelés sous les drapeaux, si, à l'aide de mensonges appuyés de démarches extérieures, de relations affectés en public avec un chirurgien, cet individu est parvenu à se faire remettre de l'argent, sous la promesse d'user de son influence.

Et le délit n'en existerait pas moins, alors que le prévenu prétendrait et rendrait même vraisemblable, qu'une partie des sommes dont il a obtenu la remise étaient destinées à acheter les complaisances coupables du chirurgien. Ce fait spécial pourrait donner lieu à une poursuite distincte pour corruption de fonctionnaire, mais ne ferait pas dispa-

1. Cass. 24 août 1854.
2. Cass. 4 avril 1839.

raître l'escroquerie dont l'agent intermédiaire aurait profité [1].

— Mais il n'y aurait pas escroquerie, si l'individu n'a fait que promettre la réforme des conscrits, lors même qu'il en aurait reçu de l'argent, s'il n'a pas employé de manœuvres frauduleuses [2].

60. *Quid, si l'évènement s'est réalisé.*

MM. Chauveau et Hélie enseignent, qu'en pareil cas, il faut faire une distinction. De deux choses l'une : si c'est par les soins et les démarches de cet individu que l'exemption a été obtenue, il n'y a pas d'abus de crédulité, et dès lors, pas d'escroquerie. La somme délivrée n'est que le prix de services rendus ; S'il a employé des moyens illicites pour obtenir l'exemption, ces moyens peuvent constituer un autre délit, mais non pas le délit d'escroquerie. Si, au contraire, l'exemption a été obtenue sans le concours de cet individu, et par suite de quelque cause, soit légale, soit physique, qu'il connaissait, et qu'il n'avait pas révélée, s'il a fait naître des espérances dans leur esprit, espérances purement chimériques, la réalisation du fait annoncé, mais à laquelle il sera resté complètement étranger, ne saurait lui assurer le bénéfice de sa fraude. L'évènement promis était chimérique, puisqu'il ne dépendait pas de lui de le faire naître. Son accomplissement, arrivé par des moyens auxquels il n'a pas participé, ne peut changer la nature de son action [3].

61. Jugé que l'individu qui, à l'aide de manœuvres

1. Cour de Cass. 1871, p. 57.
2. Cass. 11 novembre 1847, Dal. 47, 5 236.
3. V. Chauveau et Hélie. T. V. n° 2219.

frauduleuses, a fait accueillir par un jeune conscrit la promesse chimérique de le faire réformer moyennant une gratification de 800 fr. et lorsque la réformation a eu lieu, mais sans sa participation, le conscrit a volontairement payé les 800 fr. prix d'un service imaginaire, est coupable d'escroquerie[1].

62. De l'Empirisme.

Il convient de distinguer, et la jurisprudence le fait, en ce qu'on appelle le charlatisme proprement dit, et l'Escroquerie véritable. Tous les jours, nous voyons les journaux remplis d'annonces, les murs des villes tapissés de prospectus faisant savoir que tel individu possède des recettes infaillibles, avec l'indication, à l'appui, de nombreuses cures plus ou moins merveilleuses, plus ou moins authentiques; obtenues par l'emploi de ces moyens. S'il est, moralement parlant, fâcheux de voir un pareil étalage, on ne peut pas dire qu'il soit du devoir rigoureux du ministère public d'intervenir en ces circonstances.

Mais, lorsque, à l'aide de ces annonces, les individus ont employé des manœuvres frauduleuses pour persuader l'existence d'un évènement chimérique, alors l'art. 405 reprend son empire.

— C'est ainsi qu'il a été jugé que le médecin qui annonce comme ayant le pouvoir de guérir des maladies reconnues jusque là incurables, des remèdes qu'il sait n'avoir pas cette propriété, et appuie cette

1. Cass. 1863. Dall. 63. 1, 488.

annonce de la publication de certificats mensongers de guérison qu'il n'a fait revêtir de signatures recommandables qu'à l'aide de moyens frauduleux, tout celà dans le but de faire accepter à un prix excessif, sa prescription, et les remèdes dont il est lui-même le distributeur au détriment des pharmaciens établis dans les lieux où il opère, est coupable d'escroquerie[1].

— Sic, l'individu qui, n'ayant fait aucune étude médicale, se présente comme possédant des ressources efficaces pour toutes les maladies, emploie tous les moyens de publicité pour faire croire qu'il est docteur d'une université étrangère, dans laquelle il n'a jamais mis les pieds, qu'il possède des dons surnaturels pour la guérison de certaines maladies, qu'il a des remèdes infaillibles à lui révélés par un indien, et qui, par ce moyen se fait remettre de l'argent des malades qu'il ne guérit pas[2].

— Sic, le fait, par une mère et sa fille, d'avoir, de mauvaise foi et par spéculation, après avoir attiré des malades à leur domicile par la propagation du bruit de visions arrivées à celle-ci, et ensuite desquelles elle aurait reçu la faculté de guérir, d'avoir employé, à l'égard de ces malades, des manœuvres ou mises en scène, pour faire croire à l'exercice d'un tel pouvoir, et entretenir l'espérance d'une guérison prochaine, encore bien qu'elles n'auraient reçu d'autres rétributions que celles offertes volontairement[3].

1. Cours d'Amiens, 1854. Dall, 54, 2, 62. — Cass. 5 novembre 1853. Dall, 53, 5, 199.
2. Paris, 1860, Dall, 61. 11, 58.
3. Cass. 25 avril 1867. Dall, 67, 1, 369.

— Le fait d'un médecin ou officier de santé qui délivre des remèdes qu'il sait être inefficaces, et des prescriptions incapables de produire les bons effets qu'il annonce. Attendu que le demandeur, a publié des prospectus sous son prénom d'Adrien, et dissimulé son nom de famille, sous lequel il avait encouru une condamnation, et que, pour persuader aux malades qu'il visitait, l'existence d'un pouvoir imaginaire, et l'espérance d'un succès, il a employé des manœuvres frauduleuses, consistant notamment dans la délivrance de remèdes qu'il savait être inefficaces, et de prescriptions incapables de produire les bons effets qu'il annonçait, que ces déclarations mensongères, appuyées de manœuvres frauduleuses, et à l'aide desquelles il a escroqué partie de la fortune d'autrui présentent tous les caractères de l'escroquerie [1].

Toutefois, la Cour de Cassation a jugé différemment dans une espèce analogue, mais M. Blanche, qui la rapporte, pense qu'il y a là un arrêt d'espèce, et non un arrêt de principe. « Attendu, dit la Cour, qu'il ne résulte d'aucun des faits, reconnus par le jugement attaqué, que Gibert, prévenu d'escroquerie, ait fait usage de faux noms, ou de fausses qualités, que si le délit peut résulter également de manœuvres frauduleuses pour persuader l'existence d'un pouvoir imaginaire, ou pour faire naître l'espérance d'un évènement chimérique, dans le but de se faire remettre des fonds ou des valeurs, ou d'escroquer tout ou partie de la fortune d'autrui, il faut que

____

1. Cass. 31 mars 1854.

les juges reconnaissent et constatent quels sont les faits qui constituent les manœuvres frauduleuses nécessaires pour caractériser le délit; attendu que le jugement attaqué, en constatant seulement que Gibert a fait à des personnes malades des promesses de guérison, qu'il n'était pas en état d'accomplir, ce qui ne constitue qu'une affirmation mensongère, n'indique aucun autre fait qui puisse être considéré comme une manœuvre ayant le caractère de fraude; qu'ainsi, en déclarant le prévenu coupable d'escroquerie le jugement attaqué a fait une fausse application de l'art. 405 [1]. »

63. **Du Magnétisme**

Si le magnétisme peut être parfois d'une grande utilité dans certains cas, il paraît, comme l'a écrit M. Figuier, « que le charlatanisme et la fraude l'ont depuis longtemps compromis. » C'est précisément ce charlatanisme et cette fraude qu'il appartient à la loi de déjouer. Il y a là une question d'appréciation. Les tribunaux auront à se demander si l'agent a été de bonne foi dans ses procédés, s'il avait la conviction de pouvoir obtenir ce qu'il espérait, et avait fait espérer, et alors, ils ne le puniront pas, mais aussi, ils examineront s'il n'a pas employé des manœuvres frauduleuses au moyen desquelles il a profité de la crédulité des gens, faisant briller à leurs yeux les espérances trompeuses d'un évènement chimérique, et alors, ils lui appliqueront l'article 405.

1 Cass. 21 juin 1855.

— C'est en se guidant d'après ces principes, que la Cour de Cassation a décidé que l'annonce et l'emploi du magnétisme comme moyen curatif ne suffisent pas, en l'absence de tous autres faits, ayant le caractère de manœuvres frauduleuses, spécifiées par l'art. 405, pour constituer le délit d'escroquerie [1].

— Que n'est pas passible de l'art. 405, l'individu non pourvu du diplôme de docteur ou d'officier de santé, qui se borne à traiter les malades au moyen du magnétisme. Il n'y a dans ce cas qu'exercice illégal de la médecine [2].

— Ni le fait d'avoir reçu de l'argent pour des consultations à l'aide du magnétisme, s'il n'y a pas eu de manœuvres frauduleuses pour faire croire, soit à l'existence d'un sommeil magnétique qui aurait été simulé, soit à l'infaillibilité des réponses faites par la personne consultée [3].

— Mais la jurisprudence a décidé qu'il y a lieu de déclarer coupable d'escroquerie :

— L'individu non pourvu du diplôme de docteur en médecine, qui annonce et pratique le magnétisme, comme moyen curatif, quand la fraude s'y joint [4].

L'emploi du magnétisme comme agent thérapeutique ne constitue pas par lui seul une escroquerie, mais ce délit existe, lorsque le traitement par les procédés magnétiques, employé de mauvaise foi et avec pleine connaissance de leur inefficacité, est accom-

1. Cass. 18 août 1843. Dall, 43, 2, 581.
2. Cass. 24 décembre 1852. Dall, 53, 1, 40.
3. Cass. 1856. Dall, 56, 2, 3.
4. Cass. 28 sept. 1865. Dall, 66, 5, 184.

pagné de manœuvres frauduleuses destinées à faire croire à des cures imaginaires et à obtenir des malades la remise d'argent ou de billets.

Attendu que le prévenu a agi de mauvaise foi; qu'il ne se faisait aucune illusion sur l'inefficacité du traitement unique qu'il employait, toujours le même, des passes magnétiques et de l'eau magnétisée, pour les différentes maladies qu'il était appelé à soigner; qu'il simulait le sommeil magnétique, et que notamment, à l'égard de l'une des malades, il avait pris la précaution de lui demander sur sa maladie des renseignements qu'il avait ensuite reproduits comme constatés par lui même dans le sommeil magnétique que sa femme était censée lui procurer; qu'il annonçait et faisait annoncer par des tiers les cures nombreuses qu'il prétendait faussement avoir opérées; qu'il prenait envers les malades qui s'adressaient à lui, l'engagement de les guérir moyennant une certaine somme qu'il se faisait remettre, ou pour laquelle il se faisait souscrire des billets qu'il faisait toujours causer valeur en espèce, pour dissimuler plus tard la cause de ces billets. — Attendu que, en reconnaissant dans ces faits et circonstances réunis, des manœuvres frauduleuses qui avaient persuadé aux personnes ignorantes et crédules, qu'elles étaient destinées à tromper, l'existence d'un pouvoir imaginaire, et avaient fait naître dans leur esprit, l'espérance d'un évènement chimérique, et en déclarant qu'elles caractérisaient le délit d'escroquerie, l'arrêt attaqué a fait une juste application de l'art. 405 [5].

5. Cass. 27 novembre 1873. Dall, 74, 5, 232.

— Le magnétiseur qui, frauduleusement, s'est fait remettre de l'argent par des malades, en leur promettant, au moyen de la production de certificats écrits par lui, et accompagnés de signatures surprises, qu'il possède effectivement le pouvoir de les guérir [1].

— La simulation du sommeil magnétique peut constituer le délit d'escroquerie. Et celà, encore bien que les personnes au préjudice desquelles un semblable moyen a été pratiqué, se seraient spontanément présentées chez celui qui l'a employé, et lui auraient volontairement remis l'argent reçu par lui [2].

64. 65. Du somnambulisme et du spiritisme

Jugé que l'individu qui fait metier de donner, moyennant de l'argent, avec l'assistance d'un somnambule des consultations aux personnes victimes de vol, à l'effet de leur en faire découvrir les auteurs, est coupable d'escroquerie, alors qu'il est constaté souverainement par les juges du fait, qu'il trompait sciemment le public, en donnant des indications toujours inexactes et qu'il savait devoir être telles [3].

— Le nommé Bugnet disait aux naïfs, que, comme médium, il avait le pouvoir d'évoquer les esprits, et de reproduire en photographie des personnes décédées, et dont le portrait n'avait jamais été fait. Il attirait ainsi dans son atelier les adeptes du spiri-

1. Cass. 28 septembre 1865. Dall, 66, 5, 184.
2. Cass. 12 décembre 1861. Sirey, 62, 1, 321.
3. Cass. 20 juin 1855. Dall, 56, 2, 4.

tisme, et se livrait, en leur présence, à des pratiques
assez habiles pour persuader qu'il avait les facultés
et la puissance surnaturelles prêtées par ces adeptes
à leurs médiums, et qu'il obtenait, à l'aide de ce
prétendu pouvoir, les épreuves à spectres livrées par
lui et frauduleusement préparées à l'avance. Il recevait ses clients en prenant un air inspiré, et leur
recommandait, après les avoir placés devant l'appa-
reil photographique, de se mettre en communication
par la pensée avec l'esprit dont ils souhaitaient
l'image, pendant qu'il procédait lui-même, la tête
appuyée contre le mur, le corps et les bras agités à
une évocation simulée, pour jouer son rôle jusqu'à
la fin, il se plaignait de vives douleurs dans la tête,
occasionnées par des évocations nombreuses, et se
faisait faire, par un prétendu médium guérisseur,
des passes magnétiques de dégagement ayant pour
but de lui enlever les mauvais fluides. Après cela, il
montrait au client un cliché sur lequel celui-ci dis-
tinguait, derrière sa propre image ou à côté, celle
d'une forme vague et indécise, ayant l'apparence
d'un spectre enveloppé d'un suaire. Il procédait aussi
par correspondance. Il suffisait d'envoyer sa photographie, mais alors il fallait, disait-il, joindre ses
prières aux siennes, lorsque serait arrivée l'heure de
l'évocation, à laquelle il prêtait son ministère de
médium [1].

66. De la Divination

L'art. 479 § 7 punit d'une simple contravention les

1. Cour de Paris, 7 août 1875. Dall, 76, 2, 117.

auteurs de pratiques superstitieuses qui font métier de deviner et pronostiquer les songes. Mais, la loi ne pouvait pas s'en tenir là. C'est qu'en effet, protectrice des intérêts sociaux, elle doit punir ceux qui ne respectent pas certaines limites, nous voulons parler de ces devins et sorciers qui profitent de leur titre, de leur enseigne, pour escroquer de l'argent à ceux qui ont la faiblesse de se laisser duper. Dès lors en effet, que l'on peut saisir les manœuvres frauduleuses, etc., la loi doit recevoir son application, alors qu'il est établi qu'ils se sont fait remettre des valeurs, qui ne sont pas en rapport avec le temps qu'on leur a fait perdre [1].

Comme le disait M. Dupin, à la Cour de cassation, dans une de ces comparaisons si exactes : « Si ces gens-là mettent un masque sur leur figure, il est du devoir de la justice de l'arracher et de le briser. »

— La divination, qui est l'art prétendu de connaître et de prédire l'avenir se présente sous diverses formes.

L'astrologie judiciaire, c'est-à-dire l'observation des astres ou de l'état du ciel.

L'art des augures, c'est-à-dire l'inspection des entrailles ou le vol des oiseaux.

La Cartomancie, ou divination par les cartes.

La Chiromancie par l'inspection des mains.

La Nécromancie par l'évocation des morts.

L'Onéirocritie par les songes.

La Rhabdomancie, par l'emploi des baguettes divinatoires.

---

1. Blanche. 2ᵉ étude, nᵒ 466.

— De ces diverses espèces de pratiques, il en est qui sont plus fréquemment employées les unes que les autres. La jurisprudence n'offre pas d'exemples relatifs à l'astrologie judiciaire, à l'art des augures, ni à la Rhabdomancie. Il faut croire que la légende des poulets sacrés de la cité romaine est oubliée ; et qu'on ne lit plus dans les astres, mais en revanche, on pratique fréquemment la cartomancie, et il nous faut voir quelle est la jurisprudence sur cette matière.

67. De la Cartomancie.

Il n'est pas un esprit sérieux qui ne fasse prompte justice de cette pratique superstitieuse et ridicule qui consiste à lire dans les cartes la découverte de l'avenir. Mais les gens naïfs s'y font prendre, et il en est encore, au XIXe siècle, qui s'obstinent à vouloir verser leur argent dans la main de ces filous.

Disons tout d'abord que le fait de prédire l'avenir à l'aide de jeux de cartes, en se bornant à donner la signification des combinaisons fournies par le hasard, ne constitue pas le délit d'escroquerie, mais seulement la contravention prévue par l'article 479, n° 7. Mais si des manœuvres frauduleuses ont été employées pour faire croire à la réalité d'un pouvoir imaginaire autre que l'art prétendu d'expliquer les combinaisons fortuites qu'amène le maniement des cartes ; le fait sortirait des prévisions de l'article précité, pour devenir une véritable escroquerie.

La jurisprudence des cours d'appel a décidé que : lorsque des personnes seront venues librement consulter un devin, ce dernier ne peut être déclaré coupable d'escroquerie, parce qu'alors il n'a pas employé de manœuvres frauduleuses pour l'y attirer. Si, au contraire, ce même devin a cherché à les attirer, et que cela soit prouvé en fait, et si, ayant agi de la sorte, il a employé des manœuvres frauduleuses pour persuader l'existence d'un pouvoir ou d'un crédit imaginaire, ou pour faire naître l'espérance ou la crainte d'un succès, ou de tout autre événement chimérique, alors il tombera sous l'application de l'article 405.

— Jugé que le fait, de la part d'une tireuse de cartes, de pronostiquer l'avenir par de l'argent, en consultant des cartes dont elle indique la signification imaginaire à des personnes envers lesquelles elle n'emploie aucune manœuvre frauduleuse, et qui se présentent spontanément pour recevoir cette divination, ne constitue pas le délit d'escroquerie, mais la simple contravention de l'art. 479, n° 7 [1].

— Quant au fait, par une tireuse de cartes, de s'être fait remettre un salaire pour dire des neuvaines, il ne constitue qu'un déplorable abus de la foi religieuse, non susceptible d'une qualification pénale [2].

Mais la jurisprudence de la Cour de cassation a décidé qu'il y a délit d'escroquerie, et non simple contravention, dans le fait de l'individu, qui, en

---

1. Cour de Toulouse, 10 février 1851. Dall. 55, 2, 45.— Cour de Metz. 11 juillet 1855. Dall. 56, 2, 214.

2. Cour de Metz, 23 décembre 1857. Dall. 59, 5, 156.

se servant de cartes, et à l'aide de pratiques superstitieuses, a persuadé à ses dupes qu'il commandait en quelque sorte à l'avenir, et aux événements futurs, leur faisant croire que l'un de leurs parents souffre dans l'autre monde, et qui se refuse ensuite de leur rendre l'argent, sous le prétexte de faire dire des messes.

« Attendu qu'il ressort des faits constatés par l'arrêt attaqué, et par le jugement dont l'arrêt adopte les motifs, que les deux sœurs Lafleur se tenaient, au jour du délit, sur le champ de foire de Lodève, montées dans une voiture, et faisant le métier de somnambules et de tireuses de cartes ; que, le nommé Brun, homme d'un caractère faible, se laissa attirer par les promesses de Marie Lafleur, qu'elle lui dévoilerait des faits mystérieux, et monta sur la voiture ; que, adroitement, Marie Lafleur se fit remettre le portemonnaie de Brun, et prit dans le portemonnaie deux pièces de 10 fr. en or ; que, tirant les cartes, elle annonça à Brun qu'un de ses parents souffrait dans l'autre monde, qu'elle l'engagea à voir sa sœur, plus habile qu'elle ; qu'au moment de se retirer, Brun voulut reprendre ses 20 fr., mais que Marie Lafleur refusa de les rendre, sous le prétexte de faire dire des messes. Attendu qu'on ne peut prétendre que ces manœuvres n'ont pas précédé la remise de la somme escroquée ; que les faits imputés à Marie Lafleur sont liés entr'eux, et c'est leur ensemble qui a déterminé la confiance de Brun, et l'a entraîné à laisser entre les mains de Marie Lafleur, la somme escroquée qu'il n'a consenti qu'au dernier moment à lui abandonner [1]. »

1. Cass. 20 janvier 1872. Dall. 73, 1. 494.

Quoi qu'il en soit, nous inclinerions à appliquer ici la doctrine qui a guidé la Cour de cassation lorsqu'elle a décidé en matière de jeu, qu'il n'est pas nécessaire, pour qu'il y ait escroquerie, que le gagnant ait amené le perdant à la table de jeu, qu'il suffit qu'il se soit livré pendant le jeu à des manœuvres frauduleuses, lors même que ce serait le perdant lui-même qui aurait engagé la partie.

68. Depuis la loi du 26 juillet 1873 qui est venue ajouter un dernier paragraphe à l'article 401, le fait de se faire servir des aliments, sachant qu'on n'a pas d'argent pour les payer, est puni d'un emprisonnement de six jours à six mois et d'une amende de seize francs à deux cents francs. Ce délit est connu sous le nom de « filouterie d'aliments. » Mais, si des manœuvres frauduleuses ont été employées, l'article 405 reprend son empire.

69 L'article 423 punit le fait du vendeur qui trompe son acheteur, mais s'il y a eu de plus, des manœuvres frauduleuses, il y a lieu d'appliquer l'article 405. C'est en effet ce qu'a décidé la Cour de cassation [1].

Sont coupables d'escroquerie :

— L'individu qui, s'étant présenté au nom d'une maison de commerce dont il a cessé d'être l'employé, est parvenu à se faire remettre des sommes d'argent pour des livraisons d'une marchandise défectueuse qu'il a mensongèrement présentée comme produit fabriqué par cette maison [2].

— Le marchand qui trompe un acheteur en livrant

---

1. Cass. 20 août 1825. — Cass. 10 Décembre 1858.
2. Cass. 3 Décembre 1858. Dall. 59,1,96.

d'autres marchandises que celles qui avaient été présentées et offertes en vente, par exemple, en substituant, pour la livraison, de la limaille de cuivre à de la poudre d'or, et qui, pour consommer cette déception, emploie des manœuvres frauduleuses[1].

— L'individu qui, après avoir vendu son fonds d'épicerie moyennant une somme de 5.000 fr. et avoir fait ou fait faire par un mandataire en présence de son remplaçant, l'inventaire de ses marchandises, a laissé à ce dernier des marchandises purement factices, telles que de la sciure de bois, au lieu de sucre, de l'eau colorée au lieu de liqueurs, des casiers munis d'un double fond et paraissant pleins, alors que le devant seulement contient quelques articles. Il y a dans ce cas des manœuvres frauduleuses, employées pour faire naître l'espérance d'un événement chimérique[2].

— Le commerçant qui, pour procurer l'écoulement d'un produit dépourvu de valeur, et non sérieux, qu'il a composé, a envoyé chez les détaillants, une personne donnant de fausses commandes de ce produit, et indiquant pour la livraison un faux domicile, a ainsi amené les détaillants à lui acheter une certaine quantité de ce produit, qu'ils ont dû garder pour leur compte[3].

— Le vendeur d'objets d'art, tels que des tableaux, qui a sciemment attribué à ces objets tel nom d'un auteur supposé, en considération duquel l'a-

---

1. Cass. 20 août 1825.

2. Tribunal correctionnel de Paris, 20 août 1882. Journal le Droit, n° du 20 août 1882.

3. Cass. 12 janvier 1863. Dall. 62-5-155.

cheteur en a donné un prix de beaucoup supérieur à leur valeur réelle, lorsque des manœuvres frauduleuses ont été employées par le vendeur pour persuader cet acheteur de la vérité de son assertion : Deux individus, le père et le fils, brocanteurs et marchands de tableaux, étaient parvenus à se lier avec un nommé H...., par des rapports quotidiens, et a entretenir chez lui la manie des tableaux. Ils lui avaient fait croire à une spéculation avantageuse sur des tableaux antiques provenant d'un soi-disant baron de St-Roman, dont le château, situé aux environs d'Aire, avait été pillé en 1793. Ils vendirent donc au sieur H... comme produits de la riche collection du sieur St-Roman, de nombreux tableaux, tandis que, comme ils le reconnurent du reste eux-mêmes, dans l'instruction, ils les avaient peints eux-mêmes ou achetés à vil prix à des revendeurs. A ces livraisons de tableaux, ils avaient gagné un bénéfice évalué par H... à 46.000 fr. et par R. à 20.000 fr. au plus, tandis que l'évaluation par experts des tableaux du sieur H,.. n'a été fixée qu'à 1.200 fr. à peu près. Profitant de la naïveté de leur acquéreur, ils lui avaient dit qu'ils étaient chargés par un envoyé des puissances européennes de recueillir les chefs-d'œuvre des grands-maîtres, dont H..., grâce à eux, disaient-ils, était propriétaire. Le fils R... fit à Paris, aux frais de H..., un voyage pour y vendre, disait-il, un tableau signé Raphaël, tandis que c'était lui-même qui l'avait peint et signé de ce nom, et dont la valeur s'élevait à 2 fr. Pendant deux ans, ces brocanteurs avaient, pour ainsi dire, séquestré cet individu, loin de sa famille et de ses amis, le visitant sans cesse, et fascinant son esprit par l'espérance trompeuse d'événements chimériques [1].

— Sic, le marchand d'antiquités, qui, après avoir présenté une collection de pièces historiques curieuses, y a substitué lors de sa livraison, après avoir reçu une somme de 1600 fr. un amas de pièces dépareillées, ces manœuvres ayant tendu à faire naître l'espoir d'un événement chimérique [2].

— Mais le fait du cultivateur apportant en vente au marché un produit non alimentaire, qui se vend en sac, (des colzas, par exemple, d'avoir placé à la partie supérieure de celui des sacs ouvert pour servir d'échantillon, une couche d'une qualité de beaucoup différente ne peut, bien qu'il ait eu pour résultat de faire acheter la marchandise à un prix plus élevé que celui qu'elle valait réellement, être considéré comme constitutif d'une escroquerie s'il n'a été accompagné d'aucune manœuvre frauduleuse ayant pour objet d'amener l'acheteur à croire à la sincérité de l'échantillon soumis à son examen.

— Jugé que le fait, par un individu, vendeur de contremarques, se tenant à la porte d'un théâtre, de vendre pour vraie une contre-marque fausse, constitue, non pas le délit de tromperie sur la nature de la marchandise, punie par l'art. 423. c. p. mais l'une des manœuvres frauduleuses de l'art. 405 [3].

— La tromperie sur la nature de la marchandise vendue peut constituer le délit d'escroquerie, lorsque, pour déterminer la convention, il a été fait

1. Cour de Douai 5 mai 1846.
2. Cass. 29 janvier 1874. Dall, 75, 1, 96.
3. Toulouse, 11 août 1871. Sirey, 71, 1, 200.

usage des manœuvres frauduleuses de l'art. 405 [1].

— Il y a escroquerie, et non pas seulement tromperie sur la quantité de la marchandise vendue, de la part d'un machand qui, s'entendant avec le contre-maître d'un industriel auquel il fait des fournitures, énonce sur les factures, des livraisons exagérées ou fictives, et en réclame le montant [2].

70. Nous avons cru devoir placer ici une question qui s'est présentée devant la Cour de Caen, au moment où nous allions livrer cette Etude à l'impression. Voici les faits qui y ont donné lieu :

Un individu parcourt les campagnes, exerçant le métier de vernisseur sur bois. Il entre dans les maisons, choisissant le moment où les cultivateurs sont aux champs, dans l'intention de ne rencontrer que des femmes. Puis il leur propose de vernir leurs meubles, disant que cela ne va pas leur coûter cher, peut-être 0 fr. 50. Les unes acceptent librement, les autres cèdent, quant à celles qui s'y opposent, il vernit malgré leur résistance, et, lorsque le travail est terminé, l'individu en question réclame son salaire. Alors ces femmes lui remettent 0 fr. 50 ou 1 fr. prix convenu : mais lui de se récrier et de dire : C'est huit francs que vous me devez, du reste je vends mon vernis tant le gramme, il y en a tant de grammes employés. Et puis, si vous ne me payez pas, vous recevrez d'ici peu de jours une lettre du juge de paix, et vous aurez de mes nouvelles : Et les gens de remettre, par crainte, les sommes de-

---

1. Cass. 27 décembre 1879. Sirey, 71, 2, 200.
2. Cass. 6 février 1873. Sirey, 73, 1, 351.

mandées. Traduit pour ces faits devant le tribunal correctionnel d'Argentan, le nommé X avait été condamné à la peine de six mois d'emprisonnement pour escroquerie. Mais ayant porté appel de cette décision la cour de Caen a très justement décidé, selon nous, que, quelque regrettables et quelque malhonnêtes qu'aient été les agissements du prévenu, on ne pouvait pas y trouver les éléments du délit d'escroquerie, et que de tels faits ne tombaient pas sous l'application de la loi pénale [1].

— Terminons ces observations concernant les manœuvres frauduleuses, en disant qu'il est nécessaire pour qu'elles soient constitutives de l'escroquerie, qu'elles aient été la cause directe et immédiate de la remise de la valeur ou de l'objet convoité. Il faut que ce soit par l'un des moyens énumérés dans l'article, qu'on ait escroqué tout ou partie de la fortune d'autrui : le nommé Ozanne était convenu avec Réal d'échanger leurs chevaux. Réal demanda, avant de conclure le marché, que son cheval fût retiré des brancards de sa voiture, et remplacé par celui d'Ozanne. Ce dernier y consentit. Lorsque son cheval fut attelé à la voiture de Réal, le cheval de celui-ci fut abandonné sur la grand'route. Un orage survint. Réal pria Ozanne de mettre son cheval à l'abri, pendant qu'il essaierait celui qui avait été attelé à sa voiture. Le cheval de Réal fut conduit dans l'écurie d'Ozanne. L'essai n'ayant pas satisfait Réal ce dernier voulut reprendre son cheval. Ozanne

---

1. Arrêt de la Cour de Caen du 13 mars 1883. — Non encore publié.

s'y refusa, et le garda. Il fut poursuivi et condamné pour escroquerie. Mais la Cour de Cassation décida que l'article 405 ne s'appliquait pas à l'espèce. « Attendu qu'il résulle de l'arrêt attaqué, que c'est sur la demande de Réal, que son cheval a été envoyé dans l'écurie d'Ozanne, à cause du froid qui régnait, et sans qu'Ozanne ait pu, par conséquent, en rien préparer ce résultat[1].

(1) Cassation. Bull. crim. nº 210. — Blanche VIᵉ Et. nº 180.

SECTION V

DÉLIVRANCE DE L'OBJET CONVOITÉ

71. Il ne suffit pas, pour qu'il y ait délit d'escroquerie, qu'un individu ait cherché à tromper un autre en employant l'un des moyens frauduleux dont nous avons parlé, il faut qu'il soit arrivé au but qu'il cherchait à atteindre, il faut qu'il se soit fait remettre ou délivrer, ou qu'il ait tenté de se faire remettre ou délivrer des valeurs, c'est-à-dire des fonds des meubles ou des obligations, dispositions, billets, promesses, quittances ou décharges. Car le délit de l'article 405 n'existe que par le détournement des valeurs, ou la tentative de ce détournement.

72. Il n'est pas nécessaire que la remise ait été faite directement à l'auteur de l'escroquerie. Elle peut avoir eu lieu entre les mains de l'inculpé ou d'un tiers.

72 (*bis*). Il n'est même pas nécessaire qu'il ait lui-même profité du délit, dès qu'il a causé préjudice à autrui.

« Attendu que l'art. 405 C. Pénal en spécifiant comme l'un des éléments essentiels du délit ou de la tentative du délit d'escroquerie, la délivrance ou remise des fonds, meubles, obligations, billets, promesses, quittances ou décharges, n'a pas exigé que cette délivrance ou remise fût opérée dans les mains de l'auteur du délit, ou de la tentative ou dans celle de ses complices [1]. »

73. La question de savoir si la tentative d'escroquerie devait être punie par la loi, est une de celles qui, à une certaine époque, ont le plus vivement

---

1. Cass. 8 juillet 1865, Dal. 66, 1, 139.

préoccupé les esprits, tant dans la doctrine que dans la jurisprudence.

« Ne faisons pas de la justice humaine une arène de métaphysique, s'écriait Rossi (T. 2, p. 336). Ne punissons pas la tentative d'escroquerie. Que de difficultés n'entraîne déjà pas à sa suite la constatation des faits qui constituent l'escroquerie ! Comment fera-t-on quand il s'agira de la simple tentative!! : » La loi des 16-22 juillet 1791 ne punissait pas la tentative d'escroquerie. Il en était de même de la loi du 22 prairial an IV et de celle du 25 frimaire an VIII. Il s'agissait donc de savoir, sous le code pénal de 1810, si la remise était un élément nécessaire de la tentative.

La Cour de Cassation a changé quatre fois de système. Tandis, en effet, qu'en 1827, elle jugeait, sur les conclusions de M. Laplagne-Baris, avocat général, que la remise des fonds ou obligations représentatives de leur valeur, est la consommation même du délit, que l'article 405 ne se contente pas de punir celui qui, par l'un des moyens énoncés, a escroqué tout ou partie de la fortune d'autrui, mais qu'il étend sa sévérité sur celui qui, par l'emploi de l'un des mêmes moyens, a tenté d'escroquer la totalité ou partie de la fortune d'autrui, d'où il résulte qu'il suffit que l'emploi de l'un des moyens soit constaté en fait, pour qu'il y ait tentative de commettre le délit, que déclarer la non-existence de la tentative restée sans exécution, c'est exiger la consommation même du délit, puisque la tentative, accompagnée de l'exécution, c'est le délit consommé [1].

1. Cass. 24 février 1837. — Voir Paringault. Revue pratique tome VI p. 471. — Bazot. Tome VI, p. 540.

Les Chambres réunies, appelées à se prononcer par renvoi, décidaient le contraire, sur les conclusions de M. le Procureur général Mourre, en disant que l'article 405, pour constituer soit le délit d'escroquerie, soit la tentative d'escroquerie, exige avec l'emploi de faux noms ou de fausses qualités, ou avec l'emploi des manœuvres frauduleuses qui y sont spécifiés, le concours de la remise ou délivrance des fonds, etc. [1].

Puis, suivant cette jurisprudence, la Cour jugeait de même à une troisième époque [2].

En vain l'avocat général disait-il. « Dans l'espèce que vous avez à juger, (affaire de jeu), il y a eu perte éprouvée par des moyens frauduleux, compte fait, réglement de la dette à 8000 fr. d'un côté, à 12000 fr. de l'autre, et l'arrêt constate que le paiement n'a été arrêté que par l'intervention d'un tiers, et, par conséquent, par une circonstance indépendante de la volonté des demandeurs. Ne trouvez-vous pas là tous les caractères de la tentative définie par l'article 2 du Code pénal.

La Cour décidait malgré ces conclusions, qu'il n'y avait ni escroquerie, ni tentative d'escroquerie.

Mais, en 1846, nouveau débat devant les Chambres réunies de la Cour suprême. La question était née à l'occasion d'une affaire de nature à éveiller l'attention. Il s'agissait d'une société de joueurs, de grecs, qui exploitaient la crédulité de jeunes gens, et à l'aide de cartes biseautées, avaient ruiné des

1. Cass. Chambres réunies 1838.
2. Cass. 23 janvier 1823. — 6 septembre 1839. — 4 mars 1842. — 20 juin 1845. Dall, 45, 1, 1, 275.

familles. Ils furent poursuivis, et l'on disait pour eux, que, bien qu'il y eût eu fraude dans le jeu, il n'y avait eu ni remise de fonds, ni remise de titres, comme le voulait la jurisprudence de 1827-28-39-42-45.

La Cour de Paris saisie tout d'abord de cette affaire ne s'était pas laissé impressionner, et elle avait condamné les prévenus par ce motif que, s'il n'y avait pas eu escroquerie consommée par une délivrance de fonds ou de titres, il y avait eu une tentative, constatée par des manœuvres suffisantes pour encourir la répression de l'article 405.

La Cour suprême cassa cet arrêt. La Cour de Rouen, saisie par suite du renvoi de cassation jugea comme avait jugé la Cour de Paris.

Nouveau renvoi devant les Chambres réunies. Alors se trouvèrent en présence MM. Troplong et Dupin. M. Troplong rapporteur, adoptait la doctrine de 1828, M. Dupin, procureur général, la combattait en disant : Il y a en droit; l'Escroquerie consommée, et il y a la tentative d'Escroquerie. L'une n'est pas l'autre. Le délit d'escroquerie est consommé quand la remise de valeurs a été obtenue. Il y a tentative punissable, dès que, par des circonstances indépendantes de la volonté de l'auteur, les fonds n'ont pas été remis...

« Messieurs, disait en terminant M. Dupin : « Décidez le contraire, décidez qu'en matière d'Escroquerie, la loi, pour punir, exige le succès, et alors, « en déclarant que la tentative d'escroquerie, bien « que poussée à un certain degré d'exécution, reste « en dehors des atteintes de la justice, vous encou-

« ragerez les chevaliers d'industrie, les escrocs de
« profession à tenter avec audace ce qu'ils pourront
« risquer avec impunité. S'ils réussissent, ils saisi-
« ront leur proie, qu'il sera bien difficile de leur
« ravir, et s'ils échouent, il n'en sera rien. »

La cause était gagnée, et les chambres réunies,
faisant droit aux conclusions remarquables de
M. Dupin, décidaient que « l'affaire actuelle présentait tous les caractères « de la tentative d'escro-
« querie, telle qu'elle est définie par l'article 405, C.
« pénal, combiné avec les articles 2 et 3 du même
« Code, lesquels sont l'expression du droit commun,
« et la loi de la matière » [1].

Le 30 mars 1847, les Chambres réunies appliquè-
rent encore la même doctrine [2].

Puis le 20 mai 1858, la Chambre criminelle sanc-
tionna cette jurisprudence [3].

On pouvait croire que la lutte était terminée,
quand, le 12 juillet 1861, la chambre criminelle
abandonnant cette doctrine revint à une jurisprudence antérieure en décidant que la remise des valeurs était une condition constitutive de la tentative
d'escroquerie [4].

Une telle incertitude ne pouvait durer plus longtemps, et le désarroi était aussi complet de la part
des cours d'appel, qui décidaient différemment les
unes des autres. Tandis que celles-ci jugeaient que
la tentative n'était pas punissable [5].

1. Cass. 20 janvier 1846. Dall, 46, 1, 70.
2. Cass. 30 mars 1847.
3. Cass. 20 mai 1858. Dall. 58, 1, 225.
4. Cass. 12 juillet 1861. Dall. 61, 1, 294.
5. Montpellier, 1841. — Paris, 1859. — Douai, 11 novembre 1859.

Les autres déclaraient que l'article 405 recevait son application[1].

La loi du 13 mai 1863 a eu pour but de mettre un terme à cette fluctuation de décisions. Le projet proposait de modifier l'art. 405 de la façon suivante : « Quiconque, soit en faisant usage de faux noms ou de fausses qualités etc... se sera fait remettre ou délivrer ou aura tenté de se faire remettre ou délivrer des fonds, des meubles ou des obligations, etc..., et aura, par un de ces moyens, escroqué ou tenté d'escroquer la totalité ou partie de la fortune d'autrui, sera puni, etc... Le Conseil d'Etat, il est vrai, rejeta cette addition. Mais la commission du corps législatif voulut assimiler, dans son rapport, la tentative de se faire remettre des valeurs, à l'égal de la tentative d'escroquerie.

Alors luttèrent les champions de ces deux systèmes, MM. Nogent St-Laurens, Ernest Picard et Jules Favre combattirent cet amendement, M. Cordœn le défendit. A partir de ce moment, l'accord était fait et l'on peut dire qu'il était fait... sur toute la ligne. La tentative d'escroquerie existait, dès que l'individu accusé, soit en faisant usage de faux nom, ou de fausses qualités, soit en employant des manœuvres frauduleuses pour persuader l'existence de fausses entreprises, d'un pouvoir ou d'un crédit imaginaire, ou pour faire naître l'espérance ou la crainte d'un succès, d'un accident ou de tout autre événement chimérique, a tenté de se faire remettre une des choses énumérées dans cet article.

1. Bordeaux, 1840. — Orléans, 10 février 1845. Dall. 45, 4, 249. — Poitiers, 20 janvier 1861. Dall. 61, 2, 71. — Bordeaux, 4 avril 1862. — 27 juin 1862. —Montpellier, 8 août 1859.

L'article 405, modifié par la loi du 13 mai 1863, porte donc que quiconque... se sera fait remettre ou délivrer, ou aura tenté de se faire remettre ou délivrer... Désormais il n'est plus besoin que les valeurs aient été obtenues.

Ainsi l'on peut poser comme règle que, pour que la tentative d'escroquerie soit punissable, il faut qu'elle soit accompagnée de toutes les circonstances mentionnées dans l'article 2 du Code pénal, c'est-à-dire qu'elle sera punissable si elle n'a été suspendue ou si elle n'a manqué son effet que par des circonstances indépendantes de la volonté de son auteur. Chauveau et Hélie, T. V. n° 2237. Blanche, VIe étude, n° 179.

— La jurisprudence a fait l'application de ces principes aux hypothèses suivantes :

— Attendu qu'il est constaté, en fait, par l'arrêt attaqué, que Nélaton, Lancelevé et Fléau ont conjointement tenté de se faire remettre une somme de 4000 fr. par Dischneider et Begney, en présentant à l'escompte des billets à ordre, souscrits par Nélaton à Fléau, endossés en blanc par celui-ci, et remis à Lancelevé pour qu'il en opérat la négociation en donnant l'indication mensongère de l'Avenue d'Antin (n° 1) adresse du docteur Nélaton, comme celle du lieu du paiement, et faisant ainsi croire que le docteur Nélaton était en réalité le souscripteur de ces billets ; que les faits, ainsi constatés, constituent les manœuvres frauduleuses prévues par l'article 405, puisque l'énonciation de l'adresse du docteur Nélaton, au bas des billets, comme lieu de paiement était de nature à persuader aux escompteurs que ces billets émanaient de ce deruier, et, par conséquent, à créer un crédit imaginaire ; que les mêmes faits pouvaient, en même temps, être considérés comme élémentaires de la tentative légale ; qu'en effet, si les tribunaux correctionnels sont tenus de constater les faits constitutifs de cette tentative, notamment en matière de tentative d'escroquerie, cette constatation résulte suffisamment des énonciations de l'arrêt, puisque cet arrêt déclare que les prévenus avaient remis les billets, frauduleusement rédigés, à des escompteurs, pour en faire la négociation, et qu'aucun fait n'est énoncé qui puisse faire croire que, postérieurement à cette remise, l'intention frauduleuse des prévenus se fût modifiée [1].

— Jugé que la tentative est caractérisée, par la production d'un état de créances fausses ou exagérées, lorsque cet état, certifié sincère et définitivement dressé, a été déposé aux mains despersonnes qui doivent le payer [2].

— Qu'elle est aussi caractérisée par la production de comptes frauduleux à l'autorité qui doit les acquitter, lorsque les comptes ont été visés, approuvés et certifiés par les préposés compétents [3].

— Sic, dans le fait du marchand qui s'entendant avec le domestique du maître auquel il a fait des fournitures, énonce sur ses factures des livraisons exagérées, et en réclame le montant [4].

1. Cass. 19 novembre 1863.
2. Cass. 16 avril 1870.
3. Cass. 9 novembre 1866. — Cass. 19 novembre 1863. — Cass. 16 juin 1864.
4. Cass. 21 février 1868. Sirey, 68, 1, 419.

— De même le fait d'un entrepreneur qui présente à un propriétaire, un mémoire de travaux dont les articles ont été frauduleusement exagérés, alors que, pour faire croire à la sincérité de ce mémoire, il y a fait apposer la signature du contre-maître avec le concours duquel il a été dressé, a menacé le débiteur d'un procès en cas de non paiement [1].

— De même l'agent d'assurances qui, au moyen de manœuvres frauduleuses, obtient la signature de l'assuré sur des promesses d'assurances, alors que, reconnaissant la tromperie, l'assuré a plus tard refusé la police qui lui était offerte [2].

— Jugé que, bien que la fraude ait été découverte avant toute production faite à l'autorité supérieure d'un registre falsifié par un titulaire d'office pour exagérer le prix de sa charge aux yeux d'un futur cessionnaire, les juges peuvent voir là une tentative du délit d'escroquerie, manifestée par un commencement d'exécution, et dès lors, punissable, si les manœuvres ainsi employées dans le but de tromper le cessionnaire, n'ont manqué leur effet, au dernier moment, que par la dénonciation d'un tiers, fait indépendant de la volonté du titulaire [3].

— Il y a tentative d'escroquerie, et non chantage, dans le fait, d'individus, qui, profitant de la publication dans un journal d'une contravention commise par un cafetier, se sont frauduleusement concertés pour lui inspirer la crainte chimérique de voir fermer son établissement, et pour l'amener à

---

1. Cass. 21 avril 1866. Sirey 67, 1, 92.
2. Poitiers 14 juillet 1865. Dall. 65, 2, 250.
3. Cass. 18 février 1865, 1, 147.

leur remettre de l'argent, à l'effet de rémunérer des démarches imaginaires, qu'ils promettaient de faire auprès de l'autorité administrative, en vue de prévenir cette mesure de rigueur [1].

— Il y a tentative d'escroquerie dans l'emploi, par un fournisseur chargé de faire des approvisionnements au compte de l'Etat, de manœuvres frauduleuses destinées à obtenir une décharge et la remise d'une somme en persuadant qu'elle avait reçu l'emploi déterminé par le mandat de l'Etat [2].

— Il y a tentative d'escroquerie dans le fait d'un individu qui, après avoir simulé un incendie pour faire croire à la destruction de marchandises assurées, a comparu devant le juge de paix pour y déclarer le prétendu sinistre, et la quantité de marchandises détruites, puis a renouvelé sa déclaration à l'agent de la Compagnie en lui remettant un inventaire des dites marchandises avec estimation de leur valeur, dans le but d'obtenir de la Compagnie une indemnité de sinistre à laquelle il n'avait aucun droit [3].

Le fait par un titulaire se trouvant en marché pour la cession de son office, d'avoir, en vue de justifier la valeur exagérée qu'il lui avait attribuée remis au futur cessionnaire un registre de recettes falsifié à l'aide d'additions et d'altérations, et de lui avoir recommandé de dresser, d'après ce registre, les relevés à produire à la chancellerie, constitue une manœuvre frauduleuse, dans le sens de l'article 405 du

<hr>

1. Cour d'Aix 16 avril 1877. Sirey 77, 2, 204.
2. Cass. 12 décembre 1874, Dal. 75, 1, 38.
3. Cour d'Agent 14 juin 1871, Sirey, 71, 2, 177

Code Pénal. Et, les juges saisis de la poursuite de ce fait, ont pu y voir la tentative du délit d'escroquerie, bien que la fraude ait été découverte avant qu'aucune production ait été faite à l'autorité supérieure, s'il est constant que le futur cessionnaire avait été trompé par cette fraude sur le chiffre véritable des recettes, et que la tentative ainsi manifestée n'a été suspendue, au dernier moment, que par la dénonciation d'un tiers [1].

— Mais la jurisprudence a décidé qu'il n'y avait pas tentative d'escroquerie dans les espèces suivantes :

Jugé que le fait d'un individu d'avoir tenté de se faire payer le montant d un billet fabriqué avec un blanc seing dont il a abusé, ne peut être qualifié de tentative d'escroquerie à l'aide de la fausse qualité de créancier du signataire du blanc seing, alors que c'est nevers celui-ci même que ladite tentative a été commise, on estimerait, à tort, que la qualité de créancier, invoquée en pareille circonstance, se trouve au nombre de celles que l'article 405 C. Pénal admet comme élément du délit qu'il spécifie [2].

— Le contre-maître qui a frauduleusement forcé, sur la feuille de contrôle, le chiffre des journées dues à quelques uns des ouvriers placés sous sa direction, ne peut, bien qu'il l'ait fait en vue d'en tirer profit, être déclaré coupable de tentative d'escroquerie, si, ne pouvant rien toucher par lui-même, il se trouve que les ouvriers dont le compte a été sur-

1. Cass. 18 février 1865, Dall. 65, I, 147.
2. Cass., 15 juillet 1869, Dall. 70, 1, 237.

chargé, n'ont jamais eu l'intention de concourir à la fraude, en sorte que la remise des journées portées en excédant, n'est pas arrivée à un commencement d'exécution [1].

74. — De la complicité du délit d'escroquerie — en ce qui concerne la complicité du délit d'escroquerie, les articles 59 et 60 reçoivent leur application.

Dès lors que des individus sont déclarés, en fait, avoir aidé et assisté l'auteur principal ou lui avoir facilité sciemment l'exécution du délit d'escroquerie, ils sont considérés comme complices [2].

Mais pour être déclaré complice, il faut avoir participé personnellement sachant que l'on se rendait complice d'une escroquerie.

— Sic celui qui a procuré sciemment les moyens qui ont servi à une vente frauduleuse, et assisté avec connaissance de cause le marchand dans les moyens d'escroquerie qui l'ont préparée [3].

Est complice d'escroquerie celui qui sert d'intermédiaire et de proxénète, en matière de conscription [4].

— L'individu qui a sciemment prêté son concours intéressé à des manœuvres d'un spirite, en publiant dans une revue les épreuves des photographies à spectres, et l'éloge des facultés surnaturelles du prévenu, en l'aidant dans ses opérations, et en employant des pratiques frauduleuses pour lui recruter des clients [5]

---

1. Cass., 7 février 1868, Dall. 68, 1, 411.
2. Cass., 18 juin 1807, Dall. V· Complicité n· 122.
3. Cass., 20 avril 1825. Rep. Escroq.
4. Cass., 20 avril 1809, Dall. Rep. V· Escroq.
5. Cour de Paris, 6 août 1875, Dall. 76, 2, 116.

— Sic l'individu qui présente de faux prospectus indiquant une société anonyme d'assurances sur la vie comme légalement constituée, et une liste fausse de membres d'un comité de patronage, dans le but d'obtenir des souscriptions et des versements pour frais d'administration, qui adresse en connaissance de cause à ses agents, et fait répandre dans le public, et utiliser dans le but indiqué, les prospectus mensongers [1].

— Le tiers qui est intervenu pour faire croire à la sincérité d'une entreprise commerciale purement fictive, simulant dans ce but, des opérations de vente et de règlements en effets de commerce, avec les organisateurs de celle-ci, et donnant sur eux de bonnes références, est avec raison déclaré complice des délits d'escroquerie qu'ils ont commis, à l'aide d'un tel secours, en surprenant la bonne foi des vendeurs.

De même est à bon droit condamné comme complice par recel du même délit, le commerçant, qui, connaissant les manœuvres frauduleuses employées par ladite entreprise pour arriver à l'obtention de livraisons de marchandises, en a reçu une partie et s'est efforcé d'en dissimuler la possession au moyen de mentions mensongères sur ses livres.

— Celui qui a coopéré sciemment aux manœuvres par lesquelles un individu a vendu comme véritables des marchandises d'imitation [2].

— Le créancier qui accepte, en paiement de ce

1. Cass., 28 novembre 1873, Dall. 74, 1, 440.
2. Cass. 1853. Dall, 54, 5, 321.

qui lui est dû, des sommes qu'il sait provenir d'escroquerie [1].

L'individu qui souscrit un billet de complaisance, sachant quel usage doit en être fait [2].

— La concubine qui a pris part aux manœuvres frauduleuses de l'escroquerie et aux profits qu'elles ont procurés, en se faisant passer faussement pour la femme légitime du prévenu [3].

— Celui qui, sciemment, et dans un but de cupidité personnelle, donne à un tiers, sur la solvabilité d'un individu, des renseignements mensongers au moyen desquels une escroquerie est commise au préjudice de ce| tiers [4].

— Le pharmacien qui, sciemment, s'est associé à des manœuvres frauduleuses ayant pour objet de donner à des malades des espérances chimériques de guérison, en promettant de fournir des remèdes à employer [5].

— L'individu, qui, remplissant l'emploi de caissier dans une maison de banque qu'il savait n'être pas sérieuse, s'est prêté à l'exécution des manœuvres frauduleuses de son patron, en transmettant aux clients des réponses évasives sur leurs réclamations, ou des pièces mensongères, et en entretenant leurs espérances, notamment par le paiement des dividendes et d'intérêts, après la disparition des valeurs

1. Dalloz, Rep. n° 126.
2. Paris, 19 juillet, 1865. — Dall, 66, 5, 181.
3. Cass. 6 mars 1860. Dall, 60, 5, 250.
4. Cass. 24 août 1848. Dall, Rep. p. 1258.
5. Cass. 12 juin 1859. Dall, Rep. p. 1278.

qu'il aurait dû avoir en caisse, est complice du délit d'escroquerie reconnu à la charge du patron [1].

— L'individu qui s'associe à un autre, dont il connait les mauvais antécédents, et a nécessairement connu les manœuvres employées, qui a participé à des fraudes dont le succès eût été impossible sans son concours, est complice de l'auteur principal [2].

Nous examinerons plus loin le poiut de savoir quel est le caractère des fraudes commi4es en matière de circulation en chemin de fer. C'est, du reste, une question qui a été controversée. Mais, il est nécessaire de placer ici l'examen d'une hypothèse qui présente un certain intérêt, c'est celle de savoir si, dans le cas où le délit d'escroquerie relevé à la charge du prévenu, dégénérerait en simple contravention, ct où il serait prononcé contre lui une amende de 15 francs, il faudrait partir de ce principe que l'amende de 15 francs étant une peine correctionnelle, le complice doit encourir l'aggravation résultant de ce fait.

Voici, en ce qui concerne cette question quel est l'état de la jnrisprudence.

Il a été jugé que le directeur d'une société chorale qui, dans une espèce où des personnes, pour profiter d'un tarif réduit, accidentellement accordé à une société de ce genre par une compagnie de chemin de fer, avaien simulé une affiliation à cette société, et voyagé avec la qualité de membres actifs qui ne leur appartient pas, s'est prêté à ces manœuvres, doit être considéré comme complice de ce fait,

1. Cass. 1, 1861. Dall, 63, 5, 153.
2. Cass. 4 juin 1859. — 19 décembre 1867. — 24 décembre 1869. —

qui constitue un délit correctionnel, et non pas une simple contravention : « Attendu, dit la cour de Toulouse, que l'article 59 punit le complice d'un crime ou d'un délit, de la même peine que l'auteur principal, que le fait incriminé constituerait, à la vérité, dans le langage de la loi, une contravention, mais que, s'il est une contravention dans la dénomination qu'il porte, il est un délit dans les caractères qui le constituent : que toute contravention à laquelle est attachée une amende de plus de 15 fr. est effectivement un délit, que les seules contraventions exclusives de la complicité, à raison de leur peu de gravité qui permettrait cette dérogation au droit commun, sont celles que la loi punit des peines de simple police ; qu'il ne faut donc pas abuser de l'identité des mots ; que dans l'intention de la loi, l'amende de plus de 15 fr. étant une peine correctionnelle, le fait auquel elle est infligée entre aussi dans la catégorie des délits, qu'ainsi il est passible de la même prescription, et que, dès lors, l'article 59 précité est applicable à ceux des prévenus qui ont été seulement assignés comme complices [1].

— D'un autre côté, il a été jugé par la Cour d'Angers, que la fraude à l'aide de laquelle un voyageur a réussi à effectuer sur un chemin de fer un parcours excédant celui pour lequel il a pris un billet, ne constitue, bien que passible d'une amende correctionnelle, qu'une contravention.

Par suite, le concours prêté par un tiers, pour le

1. Toulouse, 26 juillet 1862. Dall. 65, 11, 85.

succès de cette fraude, ne peut donner lieu contre lui à aucune condamnation pénale, la complicité d'une contravention n'étant pas punissable[1].

76. L'article 405 ajoute : « Se sera fait remettre ou délivrer, ou aura tenté de se faire remettre ou délivrer des fonds, des meubles ou des obligations, dispositions, billets, promesses, quittances ou décharges, et aura, par un de ces moyens, escroqué ou tenté d'escroquer la totalité ou partie de la fortune d'autrui.

Cette définition comprend tous les actes d'où peut résulter un lien de droit, et à l'aide desquels on peut préjudicier ou porter une atteinte quelconque à la fortune d'autrui. [2]

Ne sont compris, dans cette définition que les effets mobiliers et les titres écrits. Les Immeubles n'y sont pas compris.

Mais l'escroquerie, peut, indirectement, avoir pour objet des immeubles, si le prévenu a cherché, par exemple, à se faire remettre, par ses manœuvres, soit les sommes d'argent qui en forment le prix, soit le titre qui en représente la propriété.

Ainsi, il a été jugé que le propriétaire, qui à l'aide de baux simulés, d'allégations mensongères et de manœuvres frauduleuses, parvient à faire croire qu'un immeuble est d'une valeur supérieure à sa valeur réelle, et à se faire payer un prix double de cette valeur peut être poursuivi comme escroc. [3]

---

1. Cour d'Angers, 7 février 1869. Dall. 70, 2, 58.— Vide. — Blanche, 2e étude, n° 70. — Voir infrà, l'Etat de la jurisprudence en ce qui concerne les fraudes en matière de circulation par voie de fer.

2. Blanche VI· Etude n· 181. Chauveau et Hèlie T. V. n· 2227.

3. Cass. 12 et 17 nov. 1864.

77. Les Expressions de la loi ne sont pas limita-tives. Elles embrassent tous les actes d'où peut résulter un lien de droit, et à l'aide desquels on peut préjudicier à autrui, mais il faut que l'acte dont la remise a été obtenue, rentre dans l'une de ces qualifications [1].

Ainsi les manœuvres employées pour surprendre la crédulité d'un témoin et qui ont amené ce témoin à faire, par erreur une déposition non conforme à la vérité, ne constituent ni le délit d'escroquerie, ni celui de filouterie [2].

Mais, jugé que l'escroquerie existe, dès que, par l'emploi de manœuvres frauduleuses, un individu est parvenu à faire souscrire à celui qu'il a trompé, un acte de nature à préjudicier à sa fortune, même une vente d'immeuble.

— Que le fait d'obtenir un jugement par défaut, par des manœuvres frauduleuses, qui ont ainsi empêché d'y former opposition, constitue l'escroquerie [3].

Jugé que le débiteur qui, assigné en paiement d'une dette dont il prétend faussement s'être libéré, produit une quittance dont il a dénaturé la portée, et obtient ainsi un jugement déboutant le créancier de sa demande, ne se fait remettre, à l'aide de cette manœuvre, aucune valeur quelconque, et par suite, ne commet pas le délit d'escroquerie [4].

Mais cette solution nous paraît devoir être critiquée,

1. Chauveau et Hélie. T. V. n° 2226.
2. Cass. 9 septembre 1852. D. 52, 5, 525.
3. Cass. 12 novembre 1864. Dall. 65, 5, 158.
4. Cour d'Aix, 10 févr. 70. Dall. 1890, 2, 68.

car les expressions de la loi comprennent tous actes d'où peut résulter un lien de droit, et par le moyen desquels on peut préjudicier à la fortune d'autrui.[1]

Aussi le contraire a été jugé par la Cour de Lyon.[2]

— *Quid en ce qui concerne la déclaration faite en justice par une partie ?*

La Cour de Cassation a jugé que le mot disposition devait s'appliquer à tout acte pouvant compromettre la fortune d'autrui, que la déclaration faite en justice par la partie oblige celui de qui elle émane, que, dès lors, le fait de se faire remettre cet acte à l'aide de l'un des moyens énoncés en l'article 405, constitue le délit de cet article.

— Sic, les manœuvres frauduleuses qui tendraient à obtenir la remise du prix d'un immeuble[4].

— Jugé qu'une lettre missive, confiée à la poste, quoique ne renfermant aucune valeur, et n'opérant ni obligation, ni décharge, est au nombre des objets mobiliers que comprend le mot meuble de l'art. 405[5].

— Tombent de même sous la sanction de l'art. 405. L'application. à son profit, par un chef d'atelier, des salaires d'ouvriers payés par la Compagnie dont il est l'agent[6].

— Le fait, par les entrepreneurs de fournitures mises en soumission par une compagnie, de se con-

---

1. Cass. 24 mars 1859.
2. Cour de Lyon, 10 novr 1867, Dall. 67. 2, 216. Cass. 3 mai 1866. D. 66, 5, 185. Cass. 24 mars 55.
3. Cass. 29 nov. 1838.
4. Chauveau et Hélie, T. V n· 2015
5. Metz 22 mai 1867, Dall, 67, 11, 91.
6. Cass. 26 mars 1863.

certer avec l'employé préposé au service des soumissions par cette Compagnie, à l'effet de s'assurer les commandes, en se faisant livrer à prix d'argent, et moyennant des remises ou pots de vin, le secret des soumissions de leurs concurrents, ou en obtenant de lui par les mêmes moyens, la suppression de soumissions rivales. Dans ces circonstances, les fournisseurs et l'employé doivent être considérés comme coauteurs du délit [1].

— Sic l'assuré, qui pour faire croire à une perte plus considérable, à dispersé chez ses voisins, avec recommandation de les cacher, une partie des effets échappés à l'incendie, et s'est fait ensuite payer d'après un état dont l'exagération ne peut être contrôlée, une somme supérieure à celle réellement due [2].

— La cession d'une créance avec une garantie mensongère [3].

— La souscription d'un billet, lors même que le billet ne serait payable qu'en cas de réussite de l'espérance chimérique [4].

— L'obtention d'un bail à l'aide d'une fausse qualité [5].

— La souscription d'une assurance, « attendu que l'art. 405 atteint, par la généralité de ses termes, la souscription d'actes publics ou privés, obtenue par

---

1. Cour de Paris, 9 novembre 1878, journal *Le Droit*, n° du 10 décembre.

2. Casss., 20 avril 1866, Dall, 66, 1, 414. — 5 février 1869, Dall, 69, 1, 387. — 6 décembre 1865, Dall, 66, 5, 181.

3. Cass., 20 juillet 1865.

4. Cass., 17 septembre 1857.

5. Cass., 8 août 1867,

les moyens qu'il détermine, aussi bien que la remise de sommes ou valeurs [1]?

— L'exagération frauduleuse des produits d'un
office, pour élever le prix de la cession [2].

— L'obtention d'une transaction sur la production
d'actes altérés [3].

— Le fait de se faire remettre des jugements par
défaut devenus définitifs faute d'opposition de la part
des débiteurs [4].

— La remise d'un blanc seing peut être la matière d'une escroquerie, comme tout acte susceptible
d'emporter obligation [5].

Sic, la remise d'un acte de vente [6].

— *Quid en-ce qui concerne des bulletins de vote ?*

La question s'est présentée dernièrement. Le tribunal de Quimperlé avait décidé que l'art. 405 ne
s'appliquait pas à cette espèce, mais la Cour de
Rennes a jugé au contraire que « les prévenus se
sont, de concert, à l'aide de fausses qualités d'agents
électoraux de M. Corentin Cuyho, et de commissionnaires du Sr Jean, fait remettre une certaine quantité
de bulletins de vote, par Me Jouan, et qu'ils ont ainsi
escroqué partie de la fortune d'autrui, délit prévu
et puni par l'art. 405. C, pénal. »

Cette décision est très juridique. Les expressions
de la loi comprennent en effet tous actes qui peuvent faire partie de la propriété d'autrui, et dont la

1. Cass. 27 mars 1857. — 9 avril 1857. — 24 décembre 1863.
2. Cass., 18 février 1865.
3. Cass., 3 mai 1860.
4. Cass., 24 mars 1855.
5. Cass., 7 avril 1854.
6. Cass., 25 mars 1838.

délivrance peut avoir pour résultat de porter une atteinte quelconque à la fortune d'autrui [1]

78. Il n'est pas nécessaire, que la remise ou délivrance de l'objet convoité ait été faite directement à l'auteur de l'escroquerie, ni qu'il en ait profité personnellement [2].

Il n'est pas, non plus, nécessaire que les valeurs soient dissipées, il suffit que le prévenu se les soit appropriées, qu'il ait eu l'intention de se les approprier, intention qui se manifestera soit par l'emploi qu'il en aura fait, soit par le refus de les rendre.

79. Si l'on a employé des manœuvres frauduleuses pour reprendre la possession d'une chose dont on est propriétaire, l'art. 405 ne s'appliquera pas [3].

80. Encore bien que la chose eut été restituée après la consommation du délit, l'escroquerie n'en subsisterait pas moins, sauf les circonstances atténuantes [4].

Même au cas où la restitution aurait été antérieure aux poursuites [5].

— Jugé qu'il peut y avoir obtention délictueuse de valeurs, bien que la tromperie n'ait eu pour objet que d'arriver par surprise à avoir paiement d'une somme qu'on prétend vous être dûe; en effet le créancier ne puise pas dans son droit de créance

---

1. Rennes. — Sic. Cass., 14 décembre 1878, Dall. 79, 1, 94.

2. Blanche VIe Etude n° 180. — Cass. 12 avril 1844. — Cass. 9 avril 1858. — Cass. 17 juillet 1862, Dall. 63, 5, 158.

3. Blanche VIe Étude n° 183.

4. Cass. 6 septembre 1811.

5. Cass. 11 octobre 1872, Dall. 72, I, 391.

celui de ravir par la fraude ou la violence une chose appartenant à son débiteur.

Ainsi, le fait d'un créancier, d'avoir, au mépris de la déclaration du débiteur, qu'il entendait acquitter telle dette indiquée, inséré dans la quittance la mention d'une imputation sur une dette différente, et d'avoir dissimulé cette substitution d'imputation en donnant une lecture mensongère de la quittance ainsi rédigée, constitue le délit d'escroquerie [1].

80 (*bis*). Il y a lieu à l'application de la loi au cas même où les valeurs obtenues seraient des billets ou obligations entachés de nullité.

En vain dirait-on que dans cette espèce, l'escroquerie ne produit pas d'effet, on répondrait que s'il en est ainsi, c'est bien par un fait indépendant de la volonté de son auteur [2].

Jugé que, lorsque l'emploi de manœuvres frauduleuses n'a d'abord conduit qu'à l'obtention d'une promesse verbale, la réception d'un effet souscrit plus tard en exécution de cette promesse, n'en est pas moins considérée avec raison, lorsqu'il est constaté qu'elle est la conséquence directe de la fraude, comme constitutive de la consommation du délit d'escroquerie, dès lors l'antériorité des manœuvres frauduleuses à la date du billet souscrit, ne peut être invoquée, en pareil cas, comme exception empêchant le délit d'exister [3].

— Sic, l'individu, qui, engageant un tiers à con-

1. Cass. 2 août 1866, Dal. 66, I, 456.
2. Cass. 7 avril 1859, Dal. 63, 5, 158.
3. Cass, 7 avril 1859, Dal. 63, 5, 158.

vertir du numéraire en billets de banque, le conduit, sous ce prétexte, chez un banquier, fait déposer les sommes en son nom personnel, reçoit en échange des effets de commerce, et ne remet au tiers, avec exhortation de ne pas les montrer, que des morceaux de papier sans valeur aucune [1].

— Jugé que la remise d'obligation ou de promesse, qui aux termes de l'article 405, forme l'un des éléments de l'escroquerie ou de la tentative d'escroquerie, peut exister sans qu'il y ait de titre écrit.

Ainsi, il y a tentative d'escroquerie, dans l'effet de vendre frauduleusement, à l'aide d'un échantillon de bon blé placé à la surface de l'un des sacs, du blé échauffé et impropre à la panification, bien que la vente ait été purement verbale, et qu'il n'y ait eu ni arrhes données, ni prix payé, alors surtout que la preuve testimoniale du contrat est admissible, et que le blé, livré à l'acheteur, a été par lui, transporté dans son grenier [2].

Cet arrêt est très juridique. En effet, il y a bien eu réellement remise d'obligation ou de promesse. Cette promesse a fait naître, au profit du vendeur, une obligation parfaite, civile; cette obligation, quoique non constatée par écrit, pouvait être prouvée par témoins. Il n'est pas nécessaire qu'il y ait remise d'un titre écrit servant à prouver l'obligation, la promesse. Et en effet, qu'est-il besoin d'un écrit, quand la preuve testimoniale peut prouver l'obligation.

— Il n'est pas nécessaire que la personne au préjudice de laquelle l'escroquerie a été commise,

1. Cass. 1837.
2. Cass. 20 mars 1854, Dal. 54, 2, 205.

soit la même que celle de qui la remise des valeurs a été obtenue au moyen de manœuvres frauduleuses [1].

81. Il n'est pas nécessaire que l'auteur ait agi *animo lucri faciendi*. Il y a escroquerie, lors même qu'il y aura eu, à la fois, de la part de l'agent, abstraction faite du but qu'il se sera proposé, emploi d'un moyen légalement frauduleux, obtention ou tentative d'obtention de meubles, valeurs, et intention de se les approprier au détriment d'autrui.

Ainsi, jugé que celui qui, dans le but d'obtenir des témoignages de reconnaissance de la part d'une jeune fille, parvient, à l'aide de l'un des moyens spécifiés dans l'article 405 du Code pénal, et avec l'intention de dépouiller le destinataire, à se faire remettre une lettre, confiée à la poste, qui a été écrite par un tiers au père de cette jeune fille, pour l'informer de la légèreté de conduite de celle-ci, est coupable d'escroquerie [2].

Des fraudes en matière de circulation sur les voies ferrées

82. En ce qui concerne les fraudes en matière de circulation sur les voies ferrées ; il existe dans la jurisprudence deux systèmes : L'un qui décide qu'il n'y a dans ce fait qu'une contravention, l'autre qui applique les règles de l'escroquerie.

Jugé que celui qui, faisant usage d'un permis de circulation gratuit qui ne lui appartient pas, voyage sur un chemin de fer, et dit ou laisse croire qu'il est celui à qui ce permis a été réellement délivré,

1. Cass. 26 juillet 1872. Sirey, 72, I, 430. — Sie, 6 janvier 1872. Sirey, 72, I, 255.

2. Cass. 22 mars 1867. Sirey, 67, 11, 90.

ne commet pas le délit d'escroquerie, alors surtout qu'il n'a employé aucuns moyens frauduleux pour se faire remettre ledit billet ; mais il contrevient aux dispositions de la loi du 15 juillet 1845, et se rend passible des peines qu'elles prononcent [1].

Jugé de même par la Cour de Cassation que la fraude commise par l'individu qui, pour obtenir son admission gratuite dans un train de chemin de fer, a fait usage d'un permis de circulation délivré à un tiers, ne constitue pas le délit d'escroquerie, encore bien qu'il ait usurpé le nom et la qualité de ce tiers [2].

— La disposition de l'art. 63 de l'ordonnance du 15 novembre 1846, qui punit le fait du voyageur qui est entré sans billet dans un wagon de chemin de fer, est applicable au fait de celui qui, entre dans un wagon avec un billet, continue volontairement sa route, dans le but de se procurer un transport gratuit au-delà de la station à laquelle son billet lui donnait droit de se rendre [3].

— Jugé que le fait, par un voyageur qui a pris place dans un wagon avec un billet pour une station voisine, de continuer son voyage au-delà de cette station, et de se procurer ensuite un autre billet à l'une des dernières stations du convoi pour le présenter à la gare d'arrivée, comme s'il n'avait pas accompli cette partie du trajet, constitue, non le délit d'escroquerie ou de tentative d'escroquerie, à

1. Cour de Toulouse, 26 juillet 1862. Dall, 65, 11, 84.

2. Toulouse, 7 avril 1865. Dall, 65, 11, 85. — Cass. 6 mai 1865. Dall, 65,1, 200. — Aix, 5 février 1873. Sirey, 73, 107.

3. Toulouse, 9 juillet 1868. S. 69, 2, 12. — Cass. 8 décembre 1870, S. 70, 1, 416. — Sic-Cotelle; Législ. des chem. de fer. T. II n° 88. Emion. Man prat. de l'exploit. des chemins de fer n° 101.

défaut de remise par la Cie de l'une des valeurs spécifiées dans l'art. 405 du Code pénal, mais seulement la contravention prévue par l'article 21 de la loi du 15 juillet 1845, et par l'article 63 de l'ordonnance du 15 novembre 1846 [1].

Que ce dernier fait constitue une simple contravention aux lois sur la police des chemins de fer, exclusive des règles de la complicité légale [2].

Il a été jugé toutefois que :

— Le voyageur qui, pour se dispenser de payer sa place en chemin de fer, emploie un faux nom et une fausse qualité, et se sert d'un permis de circulation délivré à un tiers pour se faire admettre et voyager gratuitement dans un train de chemin de fer, est coupable d'escroquerie [3].

Jugé de même que le fait, de la part d'un voyageur par chemin de fer, d'avoir sciemment présenté son billet, de manière à faire croire que ce billet était pour une station plus éloignée que celle qui y était indiquée, et d'avoir ainsi continué son voyage jusqu'à cette station constitue le délit d'escroquerie [4].

Mais cette dernière doctrine ne saurait prévaloir. Et il est aujourd'hui hors de doute que c'est la jurisprudence qui considère cette fraude comme une simple contravention, qui doit triompher.

---

1. Bordeaux, 27 juin 1862, Sirey, 62, 2, 540.

2. Angers. 7 février 1870, Sirey 70, 2, 183.

3. Nîmes, 13 novembre 1862. S. 64, 2, 70. — Cours de Poitiers, 17 janvier 1873, S. 73. 2, 206. — Cour de Paris, 5 juillet 1878, S. 78, 2, 01. — Tribunal correctionnel de Bordeaux, 21 mai 1862. Dall. 62, 3, 45. Ce dernier Jugement infirmé par la Cour, 27 juin 62e

4. Paris, 12 décembre 1863. Sir. 64, 2, 71.

Des Déclarations inexactes relatives au poids des colis.

Il est encore un autre genre de fraudes concernant les chemins de fer, et qu'il nous faut examiner ; c'est celui relatif aux déclarations inexactes des colis.

La Jurisprudence décide qu'il n'y a pas délit d'escroquerie de la part d'un expéditeur de marchandises par chemin de fer, qui, pour payer un moindre prix de transport, fait une déclaration inexacte de la nature et de la valeur de ses marchandises. Cette déclaration inexacte ne constitue pas non plus une contravention qui soit réprimée par l'article 21 de la loi du 15 juillet 1845 ; les dispositions des cahiers des charges des compagnies de chemin de fer relatives à cette déclaration, ne contenant de prescriptions que pour les préposés des Compagnies et non pour les expéditeurs [1].

Jugé, au contraire, qu'une pareille déclaration constitue une contravention à l'ordonnance sur la police des chemins de fer, de la compétence du tribunal correctionnel [2].

Le voyageur qui, pour se dispenser de payer les droits de transport de ses bagages, présente au bureau du chemin de fer, le billet de place d'un autre

---

1. Paris, 12 décembre 1863. Sir. 64, 2, 71.
2. Grenoble, 29 décembre 1865. Sir. 66, 2, 320. Sic Voir Palaa. Dictionn. des chemins de fer. Contrav. p. 140.

voyageur voyageant isolément, et qu'aucun lien de famille ou d'intérêt commun n'unit à lui, commet une contravention reprimée par l'art. 21 de la loi du 15 juillet 1845 [1].

Il en est de même de celui, qui ne voyageant pas, présente au bureau d'enregistrement des bagages, des colis dont il obtient le transport en franchise au moyen de billets de place empruntés à des voyageurs [2].

Il a toutefois été jugé que le commissionnaire de transport et l'employé qui, par des manœuvres frauduleuses, arrivent à expédier des marchandises comme appartenant à des voyageurs se rendent coupables d'escroquerie [3].

---

[1]. Colmar, 27 septembre 1864. S. 65, 2 9. — Nîmes 10 août 1865. S. 65, 2, 286. — Rennes, 22 avril 1868. S. 68-2, 101.

[2]. Lyon, 25 février 1863. Sir. 65, 2, 9. — Caen, 25 janvier 1865. Sir. 65, 2, 9, Cass. 5 février 1873. Dall. 74, 5, 81.

[3]. Voir Cour de Paris 17 février, 24 février 1872. Dall. 1874, 5, 80. Rennes, 22 avril 1868 D. 68, 2, 161. Tribunal de Mirecourt 5 octobre 1861. Chateauthierry, 19 juillet 1861 Dall. 61, 3, 87.

DEUXIÈME PARTIE

—

SOMMAIRE

83. L'escroquerie peut donner naissance à une double action, l'action publique et l'action civile. Elle peut donc être poursuivie d'office, par le ministère public et donner naissance, pour la partie lesée à une action civile, les deux actions sont indépendantes l'une de l'autre [1].

— *Compétence à raison du fait.*

84. L'escroquerie étant un délit, est de la compétence

---

1. Dalloz. Rep. V· Escroq. n· 896. — Morin Dict — Cass., 18 avril 1806.

du tribunal correctionnel, mais si elle se complique d'un acte criminel, le juge compétent pour connaître du crime est compétent pour connaître du délit[1].

Compétence à raison du lieu.

Les crimes et délits commis sur le territoire français, peuvent être poursuivis devant les tribunaux français, alors même qu'ils ont été commis, soit par un Français contre un étranger, soit par un étranger contre un Français, soit encore par un étranger contre un étranger.

Jugé que le délit d'escroquerie résultant de ce qu'un individu aurait, à l'aide de lettres adressées de l'étranger en France, et rédigées de manière à persuader au destinataire l'existence d'une entreprise qui se trouvait fausse, obtient de celui-ci qu'il lui fît passer, par l'entremise de la poste française, pour les engager dans cette entreprise, des sommes ou valeurs dont il a effectué le détournement, doit être considéré comme ayant été consommé en France, et comme rentrant, par suite, dans la compétence des tribunaux français[2].

— Jugé que le lieu dans lequel ont été consommées les manœuvres frauduleuses à l'aide desquelles une obligation, par exemple, une cession de créance, a été obtenue, est celui où le délit a été commis, en conséquence, le tribunal de ce lieu est compétent pour connaître du délit d'escroquerie résultant de l'emploi de ces manœuvres, encore qu'il aurait été

1. Dall. Rep. Compét, Crim. n· 146.
2. Cass., janvier 1872, Dall. 72, 1, 142.

fait usage du transport, pour la réception de la somme due dans le ressort d'un autre tribunal[1].

85. De la preuve

La preuve des faits constitutifs du délit d'escroquerie peut se faire par témoins.

Il a été jugé que les manœuvres constitutives de l'escroquerie peuvent être prouvées par témoins, bien que la transaction que ces manœuvres avaient déterminée, ait été passée par acte authentique[2].

Que la preuve testimoniale est admissible à l'effet d'établir l'existence d'une convention portant sur valeurs excédant 150 fr.; alors que cette convention n'est considérée que comme un des éléments du délit d'escroquerie[3].

Que la juridiction correctionnelle peut recourir à la preuve[4].

La même décision est applicable au cas où la fraude a mis la personne lésée dans l'impossibilité de se procurer une preuve civile, soit dans le cas où la convention et le délit sont tellement identifiés qu'ils sont indivisibles. « Attendu, dit la Cour de Cassation, que les époux Pourteroye ne dénient pas avoir souscrit une obligation de 1500 fr.; dont ils

---

1. Cass., 20 août 1852, Dall. 52,5,132. — Sic Faustin Hélie. Traité de l'Instr. crim. V· Compétence page 258. Rousseau et Laisnay. Dictionnaire de procédure. Tome V. n· 141. V· Instr. crim.

2. Cass., 23 novembre 1838.

3. Cass., 17 février 1853. — Cass., 7 avril 1854, Dall. 54, 5, 600.

4. Blanche n· 186. Dalloz n· 4936 V· oblig.

sont inculpés d'avoir obtenu la remise à l'aide des manœuvres frauduleuses auxquelles la prévention attribue un caractère délictueux qui les ferait tomber sous le coup de l'application de l'art. 405 ; que les dispositions de l'art. 1341 du Code civil reçoivent exception, suivant l'article 1348 du même Code, toutes les fois qu'il n'a pas été possible au créancier de se procurer une preuve littérale de l'obligation qui a été contractée envers lui, lorsqu'il s'agit d'obligations qui naissent des quasi-contrats, ou des délits et quasi-délits ; que l'obtention dolosive et l'appropriation du titre à l'aide de manœuvres frauduleuses, imputées aux prévenus, rentrent dans ces exceptions [1].

86. *Règles formulées par la Jurisprudence :*

— Le tribunal correctionnel doit constater, dans le jugement, les faits desquels il induit le délit d'escroquerie.

Il doit détailler, à peine de nullité, les faits dont l'instruction a produit la conviction. C'est, en effet, dans l'examen de ces faits que la Cour de Cassation peut vérifier les éléments de l'incrimination légale.

— Tandis que la Cour de Cassation jugeait, sous l'empire de la loi de 1791, que les jugements correctionnels devaient, sous peine de nullité, constater les faits élémentaires du délit, afin que la Cour pût examiner elle-même la qualification attribuée à ces faits [2].

Elle semblait abandonner cette doctrine pendant quelque temps [3].

1. Cass., 30 août 1866.— Chauveau et Hélie. T V n° 2230
2. Cass., 3 décembre 1807.
3. Cass., 17 avril 1821, 20 mai 1826, 8 février 1831.

Mais elle revint à sa première jurisprudence, et décida que les éléments du délit devait être spécifiés dans les jugements [1].

— En matière d'escroquerie, il y a, quant à l'appréciation du juge de répression, une distinction capitale à faire : 1° cette appréciation est souveraine relativement à l'existence du fait en lui-même, 2° mais, relativement au caractère délictueux des faits, cette appréciation tombe sous le contrôle de la Cour de Cassation.

Bien que le juge du fait soit investi du droit d'apprécier souverainement les circonstances qui peuvent dépouiller les faits imputés à un prévenu de l'intention constitutive de la criminalité, sa déclaration, à cet égard, tombe cependant sous le contrôle de la Cour de Cassation, lorsqu'elle est en opposition formelle avec les constatations même du jugement ou de l'arrêt.

Ainsi, après avoir reconnu à la charge d'un prévenu des agissements consistant, non seulement en promesses fallacieuses, et en allégations contraires à la vérité, mais en une mise en scène destinée à corroborer les faits, et à en dissimuler la fausseté, un arrêt ne peut, sans se mettre en contradiction avec lui-même, nier l'intention criminelle que ces faits impliquent forcément. Les faits ainsi précisés constituent les manœuvres frauduleuses prévues par l'article 405 [2].

— Jugé que les tribunaux qui accueillent une

1. Cass. 1836-1838-1850.
2. Cass 7 mai 1857, Dal. 57, I, 517. — Cass. 1859, Dal. 59, I, 285. - Cass. 1862, Dal. 62, I, 305.

plainte en escroquerie, doivent, pour justifier leur compétence, non-seulement déclarer que le prévenu s'est rendu coupable de ce délit par la jactance d'un crédit imaginaire, mais encore préciser les faits d'où doit résulter une pareille induction [1].

— Que, doit-être cassé l'arrêt qui se borne à déclarer que le prévenu a abusé de l'ignorance et de la crédulité d'une personne, pour lui faire céder ses droits, sans constater aucun des moyens employés pour opérer cet abus de crédulité [2].

— Que n'est pas suffisamment motivé l'arrêt correctionnel qui se borne à déclarer que les faits imputés au prévenu ne réunissent pas les caractères constitutifs du délit de l'escroquerie, objet de la prévention [3].

Mais il n'est pas nécessaire que la condamnation à des dommages-intérêts soit explicitement motivée, lorsqu'elle a ses motifs dans un délit d'escroquerie déclaré constant, qu'elle est un accessoire de la condamnation principale, et qu'elle se réfère de droit aux mêmes bases et aux mêmes motifs [4].

— Que le jugement qui déclare qu'un individu a fait usage d'un mouchoir tricolore comme d'un moyen pour tenter, à l'aide de fausses qualités, de se faire remettre une somme d'argent par une femme, et d'escroquer conséquemment une partie de sa fortune, ne caractérise pas suffisamment le délit d'escroquerie [5].

1. Cass. 1807. Rep. V. Escroq. n° 923.
2. Cass. 1812.
3. Cass. 6 février 1857, Dal. 57, 5, 218.
4. Cass. 17 août 1821.
5. Cass. 1841, Dal. Rep. V° Escroq. n° 930.

— Les tribunaux doivent déclarer, à peine de nullité, qu'il y a eu escroquerie ou tentative d'escroquerie de la totalité ou partie de la fortune d'autrui, car s'il n'y avait pas cela, il n'y aurait pas délit de l'article 405 [1].

Les tribunaux en ce qui concerne la tentative d'escroquerie doivent relater minutieusement les faits, sans lesquels la Cour de Cassation ne pourrait pas discerner si la condamnation se fonde sur l'escroquerie caractérisée, ou sur des mensonges qui échappent à la rigueur de la loi [2].

— Jugé que doit être cassé un arrêt qui ne spécifie aucun des moyens frauduleux que le prévenu aurait mis en œuvre pour abuser de la crédulité des plaignants, et tromper leur prévoyance ; que si la promesse d'intervenir près le conseil de révision, toute fallacieuse qu'elle est, laissait croire à l'existence d'un pouvoir ou d'un crédit imaginaire, si même elle était de nature à faire naître l'espérance d'un succès chimérique, cette circonstance élémentaire du délit ne pouvait suppléer ni faire nécessairement supposer l'emploi de manœuvres frauduleuses [3].

— Il appartient au tribunal correctionnel de restituer aux faits leur véritable qualification ; l'ordonnance du juge d'instruction étant indicative, et non attributive de juridiction.

Ainsi, le juge correctionnel devant lequel un prévenu, poursuivi pour escroquerie, élève une exception d'incompétence fondée sur ce que le fait à lui

1. Cass. 26 avril 1811. — 1er octobre 1814,
2. Circulaire du 30 mai 1863.
3. Cass. 7 septembre 1844.

imputé constituerait le crime de faux, ne peut reje-
ter cette exception en se déclarant compétent par le
motif que la poursuite ne vise que le délit d'escroquerie; si, d'ailleurs, il constate que le faux a été,
dans l'espèce, un des éléments principaux et effectifs
de l'escroquerie, et qu'il y est intimement lié. [1]

— Jugé que l'appréciation à laquelle il appartient
aux cours d'appel de se livrer à l'égard des faits
soumis à leur examen, n'est souveraine qu'autant
que les déductions tirées de cet examen ne sont pas
en contradiction flagrante avec le caractère légal qui
appartient à ces faits ; qu'ainsi, doit être annulé l'arrêt qui, après avoir constaté à la charge du prévenu des faits constituant les manœuvres frauduleuses et autres conditions caractéristiques du délit
d'escroquerie, leur donne une autre qualification, et
excipe de la bonne foi du prévenu pour l'acquitter [2].

— Jugé que le délit d'escroquerie résultant de ce
que le prévenu se serait fait remettre, à l'aide de
manœuvres frauduleuses, une quittance dont il n'a
pas fourni le montant n'est pas suffisamment caractérisé par la mention contenue dans le jugement de
condamnation, que le prévenu a remis à celui de
qui émane cette quittance, le papier, l'encre et la
plume nécessaire pour la faire [3].

Qu'il est aussi bien nécessaire de motiver, lorsqu'il s'agit de justifier un acquittement en matière
d'escroquerie [4].

— Est nul pour défaut de motifs, l'arrêt qui, en

1. Cass. 22 janv. 1881. Sirey 82, 1, 142.
2. Cass. 7 mai 1857. Dall, 57, 1, 317. — 17 mars 1851, Dall, 51, 1, 99.
3. Cass. 1852. Dall, 52, 5, 244.
4. Cass. 6 févr. 1857, Dall. 57, 5, 218.

matière d'escroquerie, se borne à affirmer l'existence de manœuvres frauduleuses, sans faire connaître les faits qui les constituent [1].

— L'arrêt qui, sans entrer dans aucun détail, se borne à affirmer, pour établir qu'il y a eu escroquerie, que, des agissements des prévenus, tels qu'ils ont été établis par la procédure, et relevés dans le jugement, il résulte que ceux-ci ont fait usage d'une fausse qualité et de manœuvres frauduleuses, pour persuader à un tiers l'existence d'un évènement chimérique, n'est pas suffisamment motivé, si le jugement ne mentionne pas davantage les faits dans lesquels les juges du fond ont vu l'emploi d'une fausse qualité et les manœuvres frauduleuses [2].

— Une condamnation pour escroquerie n'est pas suffisamment motivée, lorsque l'arrêt, sans déclarer adopter les motifs explicites du jugement, se borne à dire que les fraudes reprochées au prévenu sont établies par l'instruction [3].

— Mais, d'un autre côté, il a été décidé qu'une cour d'appel caractérise suffisamment les manœuvres frauduleuses constitutives de l'escroquerie, lorsqu'elle fait résulter d'un concert qu'elle a reconnu constant entre un individu et le principal auteur des dites manœuvres lesquelles ne consistent pas uniquement dans de simples mensonges, la participation coupable du premier à leur conception et a leur accomplissement.

1. Cass. 22 mars 1874. Dall. 74, 1, 139.
2. Cass. 1·· février 1872. Dafl. 72, 1, 159. — 22 mai 1874. Dall. 76, 1, 139. — 28 mars 1878. — 26 sept. 1878, Dall. 79, 1, 487.
3. Cass. 16 févr. 1860. Dall. 60, 1, 58.

Que le jugement qui prononce une condamnation pour escroquerie, est suffisamment motivé, lorsqu'il constate que non seulement le prévenu avait rempli le blanc-seing donné par le plaignant d'obligations autres que celles convenues réellement entre les parties, mais aussi que cette convention aurait été obtenue à l'aide de manœuvres frauduleuses qui devaient être attribuées à l'intrigue, l'astuce et la mauvaise foi du prévenu, et qui auraient précédé accompagné et suivi la conclusion de la convention elle-même [1].

— Jugé que les manœuvres frauduleuses constitutives du délit d'escroquerie sont suffisamment caractérisées dans l'arrêt qui constate que le prévenu a recruté des abonnements à un journal par lui fondé, en promettant d'indiquer des places dont il affirmait mensongèrement l'existence et la disponibilité, et que, pour donner force et crédit à ses affirmations mensongères, il a adressé à ses abonnés une lettre signée en apparence par un tiers, mais en réalité par lui, dont la teneur confirmait les assurances par lui fournies. L'arrêt, qui, après avoir spécifié les manœuvres frauduleuses auxquelles s'est livré le prévenu, déclare qu'il a ainsi escroqué tout ou partie de la fortune d'autrui, contient la constatation expresse que la remise des fonds a eu pour cause déterminante l'emploi des manœuvres frauduleuses [2].

Que le défaut de spécification, dans un jugement de condamnation, pour délit d'escroquerie et pour

1. Cass. 1853, Dall. rép. Vo Escroq. no 903.
2. Cass. 1882, Dall. 82, 1, 384:

d'autres délits, des éléments constitutifs de l'escroquerie, n'est par une cause de nullité, si l'existence de ces autres délits justifie la peine appliquée [1].

— La décision par laquelle le juge d'appel, sans énonciation nouvelle, déclare reconnaître l'existence d'un délit dans les faits que le premier juge avait considérés comme non punissables, est conforme au désir de la loi, si ces faits ont été suffisamment décrits dans le jugement de première instance, et si le juge d'appel n'a fait que substituer son appréciation souveraine à celle du premier juge [2].

— La règle que le juge du second degré ne peut aggraver la position du prévenu sur son seul appel, ne porte pas atteinte au droit qui appartient à ce juge d'apprécier les faits d'après tous les éléments de l'instruction et des débats, et non pas d'après les seuls éléments pris en considération par le jugement attaqué, ce n'est pas la aggraver la situation du prévenu.

Ainsi, une condamnation pour escroquerie que le juge de première instance n'avait fondée que sur l'existence de manœuvres frauduleuses, a pu être confirmé en appel, en considération, non-seulement de ces manœuvres, mais aussi d'un fait d'emploi de faux nom, ajouté par la Cour aux éléments constatés [3].

— Il n'appartient pas aux tribunaux de répression, de statuer sur un nouveau délit, différent de

1. Cass. 7 février 1852. Dall. 52, 5, 244.
2. Cass. 21 juillet 1864, Dall. 66, 5, 309.
3. Cass. 22 août 1854, Dall. 54, 5, 32. — Cass. 22 juillet 1858, Dall. 58, 5. 20.

celui à raison duquel le prévenu a été cité devant eux, et qui n'a été révélé que par les débats de l'audience. Celà en ce qui concerne l'action civile comme en ce qui concerne l'action publique,

Jugé que le tribunal saisi de la connaissance d'une tentative d'escroquerie, ne peut y subtituer le délit de vol, alors que les faits constitutifs de ce dernier délit sont distincts, et auraient été commis envers d'autres personnes, dans des lieux différents et à des époques différentes [1].

— Le prévenu, traduit pour un délit d'escroquerie envers un négociant désigné, ne peut-être condamné sur des charges relevées à l'audience, comme complice également d'un second délit d'escroquerie envers un autre négociant, si ce second délit n'était imputé qu'à des co-prévenus par l'ordonnance du juge d'instruction [2].

Et, par suite, le juge correctionnel, saisi d'une prévention ne concernant qu'un délit, refuse, avec raison, par respect pour les droits de la défense, de statuer sur une prévention nouvelle relevée à l'audience par le ministère public, bien qu'à certains égards, elle concerne le même fait, si d'ailleurs elle ne se rattache pas nécessairement à l'inculpation seule énoncée dans l'ordonnance de mise en prévention, et dans la citation [3].

Mais, il en serait autrement, si le prévenu consentait formellement à être jugé sur le délit non spécifié dans la citation. Toutefois ce consentement

1. Poitiers 23 janvier 1861. Dall. 61, 2, 77.
2. Cass. 17 avril 1863. Dall. 63, 5. 15.
3. Cass. 23 août 1861. Dall. 61, 1, 448.

doit être expressément constaté ; il ne peut résulter notamment, de ce que le prévenu a comparu, s'il était en état d'arrestation [1].

Il ne faut pas, non plus confondre une qualification nouvelle avec une prévention nouvelle.

Ainsi, il a été jugé que le fait d'avoir organisé des loteries qui n'ont pas été tirées, peut, après avoir été envisagé dans la citation comme constituant un délit d'escroquerie à l'égard de ceux de qui des sommes ont été obtenues contre la remise des billets de ces loteries, être présenté, à l'audience, et sans qu'il soit besoin de citation nouvelle, comme constituant à défaut d'autorisation, le délit spécial prévu par la loi du 21 mai 1836.

Et peu importe que le défaut d'autorisation ne soit pas mentionné dans la citation, l'existence de cette autorisation, si elle a été accordée, étant un moyen de défense à faire valoir par le prévenu [2].

Jugé que les faits de complicité du délit d'escroquerie, doivent être appréciés, suivant les règles établies, par les articles 59 et 60. Il est donc nécessaire que les éléments du délit soient constatés vis-à-vis du complice, et qu'en outre, les actes de participation de celui-ci soient spécifiés [3].

— Dans une espèce ou le complice avait été condamné pour avoir, par des assertions mensongères, aidé à la vente d'un immeuble à un prix supérieur à sa valeur, il a été décidé « que les circonstances relevées à sa charge par l'arrêt attaqué, ne présen-

<hr>

1. Cass. 4 octobre 1855. Dall. 55, 1, 454.
2. Cass. 13 juin 1850 D. 50, 5:308.
3. Cass. 1862.

taient aucune participation active et personnelle aux manœuvres qui ont influé sur la détermination de l'acquéreur, qu'il n'y avait donc pas eu de sa part l'aide et l'assistance exigées par la loi pour constituer la complicité, d'où il suit que sa condamnation, en vertu des articles 59, 60 et 405, est une violation formelle de ces articles. [1]

— Jugé que la complicité d'escroquerie est suffisamment caractérisée, lorsque le jugement en se référant aux motifs donnés relativement à l'auteur principal, déclare que le prévenu de complicité connaissait parfaitement la nature des opérations par lesquelles l'auteur principal faisait des dupes [2].

— La constatation des éléments de la complicité n'est pas nécessaire, s'il s'agit, non plus d'un complice, mais d'un coauteur [3].

— En ce qui concerne la remise d'objet, les tribunaux doivent déclarer que cette remise a été occasionnée par l'usage de faux noms, ou de fausses qualités, ou de manœuvres frauduleuses [4].

— Et le jugement qui exprime, par une évaluation en argent, le préjudice qui est résulté d'une escroquerie qu'il réprime, constate suffisamment le fait de la remise à l'escroc de la valeur escroquée [5].

— A l'égard de la tentative d'escroquerie, il a été jugé, même antérieurement à la loi de 1863 qu'il n'est pas nécessaire que les tribunaux correc-

---

1. Cass. 14 mars 1847.
2. Cass. 1831.
3. Cass. 30 novembre 1867. — Cass. 14 avril 1870.
4. Cass. 9 septembre 1850.
5. Cass. 19 septembre 1844, D. 1845, 5, 249.

tionnels mentionnent dans leurs jugements que la tentative de ce délit a été caractérisée dans les termes de l'article 2 [1].

Ils sont maîtres de reconnaître les éléments de cette tentative, et de déclarer son existence sans que la Cour de Cassation leur demande compte des faits qui la constituent [2].

87. De la chose jugée

La règle non bis in idem, qui est un principe de droit applicable à toute matière, l'est aussi au délit d'escroquerie. Mais, le jugement par lequel il est statué sur un délit n'emporte pas chose jugée relativement à des faits différents.

— Ainsi l'individu acquitté par le tribunal correctionnel, d'une poursuite pour délit d'escroquerie commis au moyen d'un jeu de hasard tenue sur la voie publique, peut, sans violation de la chose jugée, être poursuivi devant le tribunal de police, à raison du même fait de tenue d'un jeu de hasard sur la voie publique, considéré, non plus comme instrument de fraude, mais comme constituant la contravention prévue par l'article 475 n[s] 5 du Code Pénal [3].

Et il en est ainsi, encore bien que le ministère public n'aurait fait aucune réserve lors de la première poursuite.

— En principe, la juridiction criminelle étant

1. Cass. 28 février 1851. — Cass. 6 octobre 1854. — Cass. 4 avril 1857.
2. Cass. 10 décembre 1842. — Cass. 20 mai 1858.
3. Cass. 1 août 1861, Dal. 61, 1, 500.

indépendante de la juridiction civile, les décisions rendues par cette dernière, ne lient pas la première [1].

Mais, la chose jugée au civil a autorité au criminel entre les parties qui ont figuré dans l'instance civile, et qui sont, devant la juridiction criminelle, l'une poursuivie et l'autre partie civile.

Ainsi, lorsqu'un acte de vente a été déclaré valable par un jugement du tribunal civil qui n'est plus susceptible de recours par les voies ordinaires, le tribunal correctionnel, saisi d'une prévention d'escroquerie dirigée contre une des parties stipulant à cet acte, et fondée sur ce qu'elle l'aurait obtenu de l'autre à l'aide de manœuvres frauduleuses, ne peut, sans violer l'autorité de la chose jugée, statuer sur l'action civile de celle-ci en réparation des dommages qu'elle aurait éprouvées par suite de ce même acte [2].

— La chose jugée au criminel, n'a autorité au civil que lorsqu'elle exclut nécessairement l'existence du fait qui sert de base à l'action civile; et l'acquittement prononcé par la justice criminelle, ne peut faire obstacle à l'action civile ultérieure à raison du fait qui servait de base à l'action publique, qu'autant que le juge criminel a nié clairement ce fait, et que la demande à fins civiles serait nécessairement inconciliable avec sa déclaration.

Jugé qu'un arrêt, qui renvoie un prévenu des fins de la plainte, en se bornant à déclarer qu'un prêt qui était l'élément principal d'une poursuite en es-

1. Chauveau et Hélie. Instruct. crim.
2. Cass. 4 octobre 1856, Dal. 56, 1, 432.

croquerie, n'est pas suffisamment établi, n'exclut pas nécessairement l'existence de ce prêt, et, par suite, les juges civils peuvent la faire résulter, soit de l'instruction criminelle, soit des documents nouveaux produits dans l'existence civile [1].

— Si le juge civil est lié par la chose jugée au criminel en ce sens qu'un fait, crime ou délit, déclaré constant par la juridiction correctionnelle, ne peut plus être contesté devant la juridiction civile, il en est autrement à l'égard des points qui n'ont pas été clairement décidés par le juge de répression.

Ainsi, l'acquittement du prévenu n'a pas l'autorité de la chose jugée contre l'action en dommages-intérêts intentée postérieurement contre lui au civil lorsque la déclaration de non culpabilité n'exclut pas pas nécessairement l'idée du fait, dont le prévenu acquitté est appelé à répondre devant la juridiction civile.

Décidé, en cas d'acquittement prononcé par les tribunaux correctionnels ou de simple police, que l'acquittement d'un prévenu d'escroquerie, motivé sur (ce qu'il ne résulte pas des débats que l'escroquerie soit suffisamment établie) ne fait pas obstacle à ce que les faits qui servaient de base à la prévention, soient invoqués devant le tribunal civil par la personne lésée, non partie au procès correctionnel, comme constituant des manœuvres dolosives de nature à entacher de nullité, l'acte obtenu à l'aide de ces manœuvres [2].

1. Cass. 15 avril 1864, Dal. 64, 2, 94.
2. Cass. 4 avril 1855. Dall. 55, 1, 105.

Que l'acquittement du prévenu de complicité d'escroquerie, motivé sur le défaut de participation active aux manœuvres frauduleuses, n'apporte pas l'obstacle de la chose jugée à l'action en dommages-intérêts, ultérieurement formée au civil contre le même individu, à raison d'une simple faute commise par réticence ou simulation [1].

Jugé que lorsque l'arrêt de mise en accusation a renvoyé un notaire devant la cour d'assises sous prévention de faux commis dans l'exercice de ses fonctions, et devant la juridiction correctionnelle sous l'inculpation d'escroquerie dont le faux avait pour but d'assurer le succès, l'acquittement prononcé par le jury sur le crime de faux, ne met pas obstacle à la poursuite du délit d'escroquerie devant le tribunal correctionnel [2].

88. Pénalité

Le délit d'escroquerie entraîne comme peine, un emprisonnement d'un an à cinq ans et une amende de cinquante francs à trois mille francs.

En outre les coupables peuvent être interdits pendant cinq ans au moins, et dix ans au plus, des droits mentionnés en l'article 42 du Code.

Et l'article 463 permet, en cas de circonstances atténuantes, de ne prononcer que l'une ou l'autre de ces deux peines et même de les abaisser jusqu'au taux des peines de simple police.

La condamnation pour tentative d'escroquerie

1. Cass. 12 janvier 1852. Dall. 52, 5, 36.
2. Cass. 21 août 1873. Dall. 74, 1, 454.

prive du droit de vote, comme l'escroquerie elle-même.[3]

— L'interdiction des droits civiques, mentionnée en l'article 42 du Code pénal, peut être prononcée, en matière d'escroquerie, accessoirement à la peine principale, même dans le cas où le prévenu par suite de circonstances atténuantes, n'est condamné qu'à une amende[1].

— Jugé qu'il y a excès de pouvoir, dans la décision du juge correctionnel, qui, prononçant contre un huissier, une condamnation pour escroquerie, ajoute au chef relatif à l'interdiction temporaire des droits énumérés dans l'article 42 du Code de procédure, l'énonciation suivante « et notamment de l'exercice des fonctions d'huissier dont il était investi[2].

— En ce qui concerne l'interdiction des droits civiques, il est évident qu'elle ne doit être prononcée que dans les cas graves, et qu'elle ne peut l'être lorsque la peine principale est réduite au taux des peines de simple police[3].

89. Des dommages-intérêts et restitutions.

Les dommages-intérêts ne peuvent être prononcés qu'autant qu'il existe dans la cause une partie civile qui en a fait l'objet d'une demande formelle. Il a même été jugé que la partie victime d'une escroquerie par le fait de laquelle elle a acheté un fonds de

1. Cass. 25 juin 1881.
2. Cass. 10 mars 1878. Sirey, 78, 1, 397.
3. Cass. 30 avril 1863. Dall. 63, 1, 326.
1. Chauveau et Hélie, IV, n° 2242.

commerce pour un prix exagéré, ne peut demander devant le tribunal correctionnel la restitution des sommes par elle payées et des dommages-intérêts, si elle a déjà intenté une pareille action repoussée, par le tribunal de commerce, que sa demande doit être repoussée dans ce cas, par l'exception de chose jugée [1].

Cette solution est la conséquence du principe de droit suivant à savoir « que si, avant que les poursuites correctionnelles fussent exercées, la partie lésée avait intenté devant une autre juridiction, une action tendant à la réparation du préjudice qui lui a été causé, elle ne serait plus recevable à porter ses réclamations devant le tribunal correctionnel [2].

Jugé que l'individu convaincu d'escroquerie a pu être condamné à indemniser et garantir la partie lésée dans le recouvrement des obligations escroquées [3].

Qu'un tribunal peut, comme accessoire d'une condamnation pour escroquerie, condamner l'accusé à une indemnité du quart de la somme à restituer, par exemple [4].

Que celui qui a escroqué des marchandises ne peut en disposer au préjudice du légitime propriétaire; dès lors, il doit être condamné à les remettre à celui-ci, encore qu'il les ait vendues à un tiers [5].

1. Cass., 27 août 1863, Dall, 64, 1, 58.
2. Faustin Hélie, Traité de l'instr. crim.
3. Cass., 17 mai 1810.
4. Cass., 28 septembre 1820.
5. Cass., 26 brumaire an VIII.

— Les dommages-intérêts prononcés pour délit d'escroquerie peuvent excéder les intérêts légaux de la somme due par suite de ce délit. Ici ne s'applique pas l'art. 1153 du Code civil [1].

90. L'article 380 du Code Pénal est-il applicable au délit d'escroquerie.

L'article 380 est ainsi conçu : « Les soustractions commises par des maris au préjudice de leurs femmes, par des femmes au préjudice de leurs maris, par un veuf ou une veuve quant aux choses qui avaient appartenu à l'époux décédé ; par des enfants ou autres descendants au préjudice de leur père ou mère ou autres ascendants, par des pères et mères ou autres ascendants au préjudice de leurs enfants ou autres descendants, ou par des alliés aux mêmes degrés, ne pourront donner lieu qu'à des réparations civiles. »

La question se pose donc de savoir si l'immunité de l'article 380, applicable au cas d'une soustraction frauduleuse, est applicable aussi à l'hypothèse d'une escroquerie commise par l'une des personnes comprises dans cet article, au préjudice de celles dont le même article fait mention.

La jurisprudence est fixée dans le sens de l'affirmative : attendu qu'en admettant que tous les caractères qui constituent l'escroquerie, se trouvent réunis dans l'action de Barousse, il y aurait toujours lieu à le faire profiter de l'immunité introduite par l'article 380 du Code Pénal, qu'en déclarant que les sous-

---

1. Cass., 29 mars 1849. Dall. 49, 1, 221. — Cass., 18 mars 1853. Dall. 53, 5, 167.

tractions commises par des maris au préjudice de
leurs femmes ne donneraient lieu qu'à des réparations civiles, le législateur a fait assez connaître par
le terme générique qu'il a employé, aussi bien que
par le chapitre dans lequel il a écrit cette disposition, qu'elle s'applique à toutes les atteintes portées
à la propriété : qu'il serait impossible de comprendre que le privilège accordé aux personnes qui y
sont énumérées, pour le cas du vol ; ne s'étendît pas
à celui de l'escroquerie ; que, lorsque la loi a puisé
son principal motif pour le premier, qui est un acte
matériel, une simple voie de fait, dans le désir d'empêcher le ministère public de s'ingérer dans les
affaires domestiques, cette raison a bien plus de
force, alors que son action ne peut s'exercer qu'à la
condition de pénétrer dans les secrets les plus inti-
mes de la famille, afin de découvrir les fraudes, les
artifices, les embûches, à l'aide des quelles le mari
est parvenu à surprendre la confiance de sa femme,
pour lui inspirer les espérances chimériques qui la
font consentir à l'acte répréhensible qu'il obtient de
son inexpérience ou de sa légèreté ; que si l'article
380 s'applique au mari, celui qui est poursuivi comme
son complice, doit également profiter du bénéfice de
sa disposition, puisqu'on ne peut trop comprendre
qu'il y ait eu complicité d'un délit qui n'existe pas,
et que là où il n'y a pas d'auteur principal, ceux qui
l'ont aidé dans son action échappent à la répression
comme lui-même [1].

____

1. Toulon 9 avril 1851. Sir. 51, 2, 350.

— De ce principe, il résulte nécessairement, comme cela a été jugé, que le fait, par un individu, qui, figurant dans un contrat de mariage sous un faux nom et un faux titre, a employé avec l'assistance d'un tiers, des manœuvres frauduleuses pour donner à croire à l'existence, dans sa personne, d'une fortune imaginaire, de se faire remettre aussitôt après la signature du contrat, mais avant la célébration du mariage, les valeurs composant la dot de sa future épouse, constitue le délit d'escroquerie, qui, étant consommé avant la célébration du mariage, n'est pas couvert par l'immunité résultant de l'article 380 du Code pénal [1].

91. Du cumul des peines

Par application de la règle du cumul en matière criminelle, il a été jugé que lorsqu'un individu est condamné à la fois pour délit d'escroquerie et pour contravention à l'article 36 de la loi du 21 germinal an 2, sur la distribution et le débit illégal de remèdes et préparations pharmaceutiques, il y a lieu d'appliquer la plus forte des deux peines, c'est-à-dire celle de l'escroquerie [2].

— L'amende encourue pour délit d'habitude d'usure, en vertu de la loi du 3 septembre 1807, et du 19 décembre 1850 doit être prononcée cumulativement avec les autres peines dont le prévenu s'est

1. Cour de Paris, 19 mai 1866. Sir. 67, 2, 70.
2. Cour d'Amiens, 10 février 1854. Dall. 55, 2, 62.

rendu passible, à raison d'autres délits qui sont venus se joindre à l'usure ; ici ne s'applique pas la règle prohibitive du cumul des peines, qui n'a été établie que postérieurement à eette loi [1].

De même, la disposition de la loi du 3 septembre 1807, article 44 qui, dans le cas où l'escroquerie se joint au délit d'habitude d'usure, prononce, outre l'amende, un emprisonnement qui ne peut excéder deux ans, et autorise le cumul de ces peines, n'a pas cessé d'être en vigueur ; mais il en est autrement à l'égard de la disposition de la loi du 22 juillet 1791, article 33, qui déterminait, dans ce cas, les caractères constitutifs de l'escroquerie ; cette loi a été abrogée par le code de 1810, dont l'article 405 est la seule règle d'après laquelle les tribunaux doivent apprécier ce délit [2].

Le cumul des peines, édicté par la loi du 19 décembre 1850 pour la répression plus sévère du délit d'habitude d'usure, s'applique, non pas restrictivement au cas énoncé dans cette loi, où le délit d'habitude d'usure se trouve compliqué d'escroquerie, mais d'une manière générale à tous les cas où les fraudes employées pour la consommation de l'usure constituent un délit distinct [3].

— La Cour d'appel, saisie sur renvoi après cassation, de poursuites dirigées contre un individu pour faits d'usure habituelle, peut également connaître des faits d'escroquerie compris dans la même pré-

---

1. Cass. 10 mai 1851. Dall. 51, 5, 391. — Cass. 14 novembre 1852. Dall. 63, 5, 394.
2. Bordeaux, 18 août 1850. Dall. 52, 232.
3. Cass. 4 février 1860 Dall. 64, 1, 93. — 14 novembre 1862 Dall. 63, 5, 394.

vention, en vertu de l'article 4 de la loi du 3 septembre 1807, quoique l'arrêt cassé qui déclarait ces faits d'escroquerie non suffisamment établis, n'ait pas eté attaqué quant à ce chef devant la Cour de Cassation, le délit d'escroquerie qui accompagne un délit d'habitude d'usure, formant avec ce dernier un délit complexe, soumis, d'une manière indivisible, à l'appréciation de la Cour de renvoi [1].

92. De la prescription du délit d'escroquerie.

L'action publique et l'action civile du délit d'escroquerie se prescrivent par trois ans (art. 638 du Code d, J. Cr.)

La prescription commence à dater du jour de la remise des valeurs [2].

Mais cette solution ne peut pas s'appliquer à la tentative, étant données les dispositions de la loi de 1863.

Au cas où plusieurs escroqueries de même nature ont été commises par le même individu au préjudice des mêmes personnes, et par les mêmes moyens, il ne s'ensuit pas qu'elles constituent un seul et unique délit, chaque escroquerie constitue un délit particulier à l'égard duquel la prescription court du jour de sa perpétration [3].

Bien que l'action civile soit éteinte en cas de désistement de la partie lésée, l'action publique peut suivre son cours, et conclure à la condamnation du prévenu [4].

1. Cass. 26 mars 1852 Dall. 53, 5, 464.—V. Lesellyer. Etudes Tome 1, 372.
2. Cour de Paris, 1er juin 1843.
3. Paris, juin 1843.
4. Sic. Mangin. Action publique. T. 2 n' 91

— Les faits d'escroquerie joints au délit d'habitude d'usure, ne sont pas susceptibles d'une prescription distincte, et peuvent, en conséquence, être punis, bien que leur perpétration date de plus de trois ans, si les faits constitutifs de l'habitude d'usure auxquels ils se rattachent, ne sont pas eux mêmes atteints par la prescription [1].

93. Enfin l'article 405 porte comme disposition finale, les expressions suivantes : « Le tout, sauf les graves, s'il y a crime de faux » Nous avons vu (suprà n°° 20 et 29) que l'escroquerie pouvait donner naissance à une accusation de faux. Nous ne pouvons que renvoyer à ce qui a été dit à ces paragraphes sur ce sujet.

— Jugé que le fabricant ou contre-maître, qui, pour détourner une partie des salaires dus aux ouvriers de l'établissement, s'est fait remettre les carnets de ceux-ci sous prétexte de vérifications à faire, et a frauduleusement altéré les mentions y contenues, est coupable non d'une simple escroquerie, mais d'un faux en écriture de commerce, si l'objet de ces carnets est de servir de base aux règlements des salaires entre les ouvriers et le patron [2].

94. L'action publique en matière d'escroquerie peut être suspendue par l'existence d'une question préjudicielle. En effet, lorsqu'il se rencontre une question de cette nature, elle a pour effet de suspendre la poursuite ou le jugement jusqu'à la vérification, par instance distincte, devant une autre ju-

---

1. Agen 19 juil. 1854 Dall. 55, 2, 164,

2. Cass., 20 novembre 1860, Dall, 61, 5,233. — Cass , 14 février 1868, Dall, 68, 1, 352.

ridiction, d'un fait duquel dépend la poursuite ou le jugement[1].

95. L'article 2279, après avoir formulé en principe qu'en fait de meubles possession vaut titre, ajoute que néanmoins celui qui a perdu ou auquel il a été volé une chose, peut la revendiquer pendant trois ans, à compter du jour de la perte ou du vol, contre celui dans les mains duquel il l'a trouve ; sauf à celui-ci son recours contre celui duquel il la tient.

— La jurisprudence a décidé que la revendication, autorisée par cet article, au cas de vol, n'est pas applicable au cas d'escroquerie[2].

1. Le Selliyer. Etudes historiques théor. et pratiq. sur le Dr. crim. T. 2 n· 802. F. Hélie. Traité de l'Instr. crim. V· Quest. préjud.

2. Cass. 20 mai 1835. Rivière. Jurisprud. de la C. de Cass., n· 655 Dall. Rep. V· Escroq, n· 958.

DIVISION MÉTHODIQUE

MATIÈRES TRAITÉES DANS CE VOLUME

HISTORIQUE

Numéros de l'ouvrage.

1. Définition de l'escroquerie en général.
2. L'escroquerie à Rome.
3. Avantage de la législation romaine.
4. Suite.
5. L'escroquerie dans notre ancien droit français.
6. Loi des 16-22 juillet 1791.
7. Dangers de cette loi.
8. Règles tracées par la Cour de Cassation. — Loi du 7 frimaire an II.
9. Code pénal de 1810, art, 405.
10. Loi du 13 mai 1863.

PREMIÈRE PARTIE

—

SECTION I

DU FAUX NOM

11. Quels sont les Eléments qui composent le délit d'escroquerie.
12. Principes fondamentaux.
13. Premier élément du délit. — Emploi d'un faux-nom.
14. L'emploi d'un prénom tombe-t-il sous l'application de l'art. 405.
15. Quid de l'usage d'un surnom ? — Opinion de M. Dalloz.
16. Quid, si un individu prétend que le nom qu'il a porté lui appartient ? — Y a-t-il une question préjudicielle.
17. Dès que le faux nom a été la cause déterminante de la remise des valeurs, il suffit à lui seul pour constituer le délit.
18. L'intention frauduleuse doit nécessairement exister.
19. L'emploi d'un faux nom ne constitue pas le délit, s'il n'a pas été la cause déterminante de la remise d'argent.
19 *bis*. Mais, quid, s'il se combine avec d'autres faits extérieurs.
20. L'emploi d'un faux nom peut-il constituer un faux ?

SECTION II

DE LA FAUSSE QUALITÉ

31. Exemples divers relatifs à la fausse qualité.

32. Celui qui fait sciemment et volontairement usage d'une qualité qu'il a possédée, mais qu'il n'a plus au moment de l'action, pour remplir des fonctions qui lui ont été retirées, et pour percevoir des sommes d'argent, est coupable d'escroquerie.

33. Espèce.

34. La fausse qualité peut exister en même temps que l'emploi de manœuvres frauduleuses destinées à persuader l'existence d'un succès, d'un accident ou de tout autre événement chimérique.

SECTION III

DES MANŒUVRES FRAUDULEUSES

35. Observations préliminaires.

36. Ce que la loi entend par manœuvres frauduleuses.

37. Il ne suffit pas qu'il y ait mensonge, il faut qu'il y ait des actes destinés à tromper les tiers. — Jurisprudence.

38. Il en est de même de la simple réticence.

39. Mais les allégations mensongères constituent des manœuvres frauduleuses, lorsque leur nature dolosive ressort d'actes extérieurs pratiqués dans le but d'arriver à s'emparer de tout ou partie de la fortune d'autrui. — Jurisprudence.

40. Les allégations mensongères constituent encore des manœuvres frauduleuses, lorsqu'elles émanent d'une pesonne dont les paroles, à raison de sa qualité, inspirent confiance

41. Il faut que les manœuvres frauduleuses aient ou pour

objet de faire croire à la victime à un état de choses qui l'a déterminée à faire ce qu'elle n'aurait pas fait, si elle n'avait pas été induite en erreur,

42. Il ne suffit pas que les actes soient frauduleux, il faut qu'ils soient le résultat d'une combinaison préparée à l'avance pour surprendre la confiance.

43. Si la victime pouvait facilement contrôler les assertions du prévenu, les manœuvres frauduleuses cessent d'être punissables.

44. Il ne suffit pas que les faits dénoncés comme constitutifs de l'escroquerie, aient eu pour but et pour effet, soit de persuader l'existence de fausses entreprises, d'un pouvoir ou d'un crédit imaginaire, soit de faire naître l'espérance ou la crainte d'un succès, d'un accident ou de tout autre événement chimérique, il faut que ces faits en eux-mêmes constituent des manœuvres frauduleuses.

45. Il n'est pas nécessaire que les manœuvres frauduleuses, qui la constituent, aient été toutes pratiquées le même jour, ni au même lieu, il suffit qu'il y ait connexité entre les unes et les autres.

46. Il faut l'intention frauduleuse.

47. Faut-il que les manœuvres frauduleuses aient été de nature à impressionner de bons esprits.

Doctrines diverses de la cour de cassation.

Opinion de MM. Chauveau et Hélie.

SECTION IV

48. Caractère légal des manœuvres frauduleuses. 3e élément.

49. Règles fondamentales.

50. Application de ces règles par la jurisprudence.

SECTION V

DÉLIVRANCE DE L'OBJET CONVOITÉ

72. Faut-il que la remise des valeurs ait été faite directement à l'auteur de l'escroquerie.

73. De la tentative d'escroquerie. Historique de cette question. Doctrines diverses de la Cour suprême. Opinion de MM. Troplong et Dupin. Loi du 13 mai 1863.

74. De la complicité du délit d'escroquerie.

75. Examen du point de savoir, si, au cas où le délit d'escroquerie relevé à la charge du prévenu principal dégénérerait en simple contravention, et où il serait prononcé contre lui une amende de 15 fr., il faudrait partir de ce principe que l'amende de 15 fr. étant une peine correctionnelle, le complice doit encourir l'aggravation résultant de ce fait.

76. Expressions employées par la loi : « Fonds, meubles, obligations, dispositions, billets, promesses, quittances ou décharges.

77. Les expressions de la loi ne sont pas limitatives.

78. Il n'est pas nécessaire que le prévenu ait dissipé les valeurs, il suffit qu'il se les soit appropriées.

79. Si l'on a employé des manœuvres frauduleuses pour reprendre la possession d'une chose dont on est propriétaire, il n'y a pas délit.

80. Quid, si la chose a été restituée après la consommation du délit.

Billets ou obligations entachées de nullité.

Quid, au cas où l'emploi de manœuvres frauduleuses n'a d'abord conduit qu'à l'obtention d'une promesse verbale.

Il n'est pas nécessaire qu'il y ait titre écrit.

Il n'est pas nécessaire que la personne au préjudice de laquelle l'escroquerie a été commise, soit la même que celle de qui la remise des valeurs a été obtenue.

81. Faut-il que l'auteur ait agi : « animo lucri faciendi. »

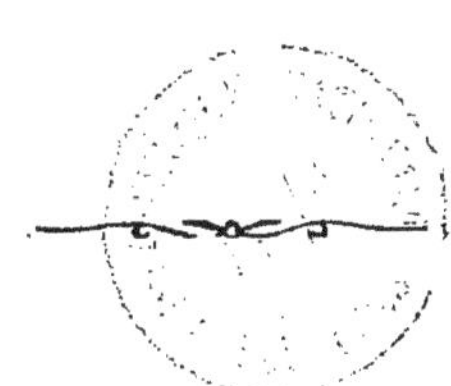

TABLE ALPHABÉTIQUE

DE TOUTES LES MATIÈRES CONTENUES DANS CET OUVRAGE

FIN

Imp. J. Mayet et Cⁱᵉ, à Lons-le-Saunier.